U0734811

做
终身学习
的父母

杨艳辉 编著

内蒙古科学技术出版社

图书在版编目（CIP）数据

做终身学习的父母 / 杨艳辉编著. — 赤峰：内蒙古科学技术出版社，2023.11
ISBN 978-7-5380-3547-6

Ⅰ.①做… Ⅱ.①杨… Ⅲ.①家庭教育 Ⅳ.①G78

中国国家版本馆CIP数据核字（2023）第065232号

做终身学习的父母

作　　者：杨艳辉
图书策划：崔付建　秦国娟
责任编辑：季文波
封面设计：鸿儒文轩·末末美书
出版发行：内蒙古科学技术出版社
地　　址：赤峰市红山区哈达街南一段4号
网　　址：www.nm-kj.cn
邮购电话：0476-5888970
印　　刷：三河市华东印刷有限公司
字　　数：172千
开　　本：880mm×1230mm　1/32
印　　张：9
版　　次：2023年11月第1版
印　　次：2024年1月第1次印刷
书　　号：ISBN 978-7-5380-3547-6
定　　价：58.00元

如出现印装质量问题，请与我社联系。电话：0476-5888926　5888917

目 录
CONTENTS

一月 ● **换位思考：从孩子的角度审视世界**

"了解孩子"是家庭教育的第一步　　002

跟孩子先做朋友，再做父母　　004

了解孩子的需求，理解孩子的需求　　007

走进孩子的内心，理解孩子的感受　　009

切忌以成人的视角理解孩子　　011

强制的"爱"会带来伤害　　014

跟着孩子的成长规律改变　　017

对孩子的优缺点了然于胸　　020

二月 ● **非暴力沟通：爱孩子就要好好说话**

孩子可能不会成为你所期望的样子　　024

冷嘲热讽带来的伤害比体罚更严重　　026

逞能的父母养育出无能的孩子　　029

切忌不分场合批评孩子　　031

恐吓式教育有用但不可取　　034

表扬也是一门艺术　　036

三月 掌控情绪：发脾气是本能，控制脾气是本事

培养孩子的耐心 040

改掉娇生惯养的脾气 042

帮孩子消除浮躁情绪 044

了解孩子的情绪表达特点 047

帮助孩子克服消极情绪 049

四月 忍住，别插手：让孩子实现自我管理

父母事事操心，孩子处处不行 054

让孩子自己做决定 056

培养孩子的财商 059

让孩子学会独立思考 061

在哪里跌倒就在哪里爬起来 063

教育孩子自我约束，做到自律 066

五月 不较劲，不吼叫：帮孩子平稳度过青春期

正确看待那些青春期叛逆的孩子 072

不要揪住孩子以前的错不放 074

给青春期孩子一个属于他们自己的空间 077

给孩子一个健康的上网环境 079

别让孩子陷入追星的"旋涡" 082

青春期，理解万岁，欣赏万岁 084

六月 ● **唤醒内驱力：全面开启学习的主动性**

纠正孩子注意力不集中的毛病　　　　　090

专心学习才能事半功倍　　　　　094

激发孩子的求知欲　　　　　097

让孩子发现学习的乐趣　　　　　100

帮助孩子克服学习中的畏难情绪　　　　　104

让孩子欣赏文学之美　　　　　107

让孩子欣赏生活之美　　　　　109

让孩子欣赏音乐之美　　　　　111

七月 ● **慢慢来，没关系：容忍孩子走一段弯路**

孩子偏科怎么办　　　　　118

孩子不肯做功课怎么办　　　　　122

孩子逃学怎么办　　　　　125

孩子名次落后怎么办　　　　　127

孩子学习磨蹭怎么办　　　　　130

孩子学习疲劳怎么办　　　　　133

孩子学习粗心怎么办　　　　　135

孩子厌学怎么办　　　　　138

孩子对学习没有信心怎么办　　　　　141

八月 ● **事有先后，做有缓急：提高孩子执行力**

勤勤恳恳，与时间为友   148

培养孩子的时间概念   151

做事有计划和条理   154

用好 80/20 法则   161

只有自己愿意往下走，事情才能执行下来   164

学会珍惜时间，有效利用时间   167

九月 ● **设定场景，拟定步骤：帮孩子提升社交技能**

教孩子学会与父母沟通   174

培养孩子待人接物的能力   178

培养孩子与同学沟通的能力   182

培养孩子的领导能力   185

让孩子学会和老师相处   188

教孩子学会与异性交往   192

怎样对待孩子之间的争执   197

帮孩子找到真正的益友   200

孩子被朋友误会怎么办   203

孩子被朋友排斥怎么办   205

孩子被伙伴欺负怎么办   210

十月 不盲从，好探索：培养有创造力的孩子

要满足孩子的好奇心　　　　　　　　　　　　214

巧妙引导，激活孩子的创造能力　　　　　　　218

叶片到锯子的演变——让善于创新成为一种习惯　222

培养孩子自行发挥创意的能力　　　　　　　　229

激发孩子的内在动力　　　　　　　　　　　　231

鼓励孩子张扬自己的个性　　　　　　　　　　233

十一月 感恩父母，重视品德：培养孩子的优秀品质

别让虚荣迷失了孩子的纯真本性　　　　　　　236

培养孩子宽容的心态　　　　　　　　　　　　239

让孩子学会关爱别人　　　　　　　　　　　　243

诚实是孩子的优秀品质　　　　　　　　　　　246

培养孩子的正义感　　　　　　　　　　　　　254

培养孩子的谦虚品质　　　　　　　　　　　　255

十二月 健康饮食，积极锻炼：有好的状态才有好的未来

擦亮孩子的"心灵之窗"　　　　　　　　　　260

讲卫生的孩子才健康　　　　　　　　　　　　263

变声期如何保护嗓子　　　　　　　　　　　　267

帮助孩子建立合理的生活节奏　　　　　　　　269

体育锻炼贵在坚持　　　　　　　　　　　　　273

一月
January

换位思考:
从孩子的角度审视世界

"了解孩子"是家庭教育的第一步

对大多数父母来说，教育孩子成才是最重要的事情。不过要想把孩子教育好，就要先真正懂孩子，只有真正把孩子弄懂了，才能让孩子有所进步。

按常理来说，最了解孩子的人非父母莫属，但是事实往往并不是这样，很多家长并不真正了解自己的孩子，或者说，他们对孩子的了解仅限于物质层面上，却从不关注孩子的心理需求和精神需求。

男孩小姜一天 8 次纵火。他向警方交代，因为平日经常遭到父亲责备打骂，心中积累了怨恨，并且父亲曾经说他"早晚得进监狱"，这句话让小姜非常介怀，为了报复父亲，小姜故意犯罪，希望以入狱方式"给父亲惹点事"。

小姜的父母平时忙于生意，孩子和父母的距离也因此变远。他们只考虑到满足孩子的物质需求，其他基本上跟孩子没什么交流，也不去过问孩子的生活情况。有的家长认为，孩子是肯定不会跟坏孩子交往的，不会出什么事情，自己只需多挣点钱让孩子花就行了。

上初二的刘笠在本学期期中考试中没有达到自己的理想目标，心里很不舒服，此时父母不仅没有给他安慰，还责骂他。刘笠在极其冲动的情况下，竟然做出了去街边手机店偷手机的错事。后来，父亲很后悔。他承认应该抽时间和孩子交流，要是早点知道孩子是怎么想的，他就算再忙也要抽出时间来陪孩子，孩子也不会真的犯错误。

如今，许多父母并未真正理解孩子，他们认为只要满足孩子的物质需求便已足够。许多家长过分关注孩子的学业成绩，而忽视了其他方面。由于缺乏对孩子的了解，当孩子遇到问题时，父母往往无法给予理解和支持，日积月累，孩子可能会误入歧途。等到发现孩子走错方向时，再想去了解他们，往往已经错过了最佳时机。

想对孩子进行教育，首先要确定的，是家长是否真的了解孩子。这并不是一件简单的事情，需要家长投入大量的时间和精力去观察孩子的行为举止，去理解他们的想法和感受。只有当家长能够全面而客观地了解孩子，才能够有效地对他们进行教育，让他们健康快乐成长。

然而，不少父母会发现，尽管他们很想知道孩子的处境，但却苦于没有办法。那么，如何才能打开通往孩子心里的那扇门呢？

首先，家长需要了解孩子是什么类型的人。每个孩子都有他们独一无二的个性，这是通过观察孩子的表现，家长可以了解的。对于那些喜欢争论、喜欢刨根问底，并且能主动学习的孩子，家长应该采取比较开放的教育方式，避免过多的限制。他们可能会比较固执，可能会不顾他人的想法而独断专行，但这并不代表他们不需要关爱和引导。

其次，家长需要以发展变化的眼光来了解孩子。在孩子小的时候，他们会在父母面前毫无戒备，他们的心理也没有那么复杂，父母可以很容易地了解他们的想法。然而，随着孩子的长大，他们的心理也会发生变化，他们的活动范围也会扩大，他们需要自己去理解和分析这些变化。如果家长不能随着孩子的成长而改变自己的思维方式，那么，他们和孩子之间的关系就可能会越来越紧张。

因此，家长需要营造一个轻松的氛围，养成家庭对话的习惯。每天吃完晚饭，可以和孩子一起去散步；和孩子共进晚餐时，可以加入一些家长的观点。每天晚上，都可以去孩子的房间看看他们，问问他们在学校遇到了什么问题，分享自己的每一件事情。通过这种对话，家长可以了解孩子生活的点滴，从而更全面地了解孩子的本性。

跟孩子先做朋友，再做父母

很多父母都会感受到孩子在成长过程中的变化，小时候的他们听话可爱，但随着年龄的增长，他们却变得越来越不听话，总是和父母的思想观念背道而驰。他们更愿意和同学交流，而不愿意与父母沟通，一旦父母开始说话，他们就会觉得唠叨。这是许多父母感到烦恼的问题。

小杰的父母在事业上非常成功，因此对儿子也有很高的期望。为了让小杰按照他们设想的方向发展，他们对孩子要求很高，甚至有些苛刻。然而，从上初中开始，小杰对父母的态度开始有了变化，用各种方法来反抗父母的制约。慢慢地，孩子在父母的眼里似乎变得很陌生，他们不清楚小杰的真实想法，因为小杰总是玩手机看视频，放学后也关上门不出来。

小杰的妈妈对此感到焦虑，但却无从下手。她不知道为什么孩子不能理解她的心思，不能对她畅所欲言。相信不止一位家长会有这样的疑惑。他们觉得自己已经对孩子够用心了，但孩子却有抵触心理，不想让别人走进自己的生活。这到底是什么原因呢？

孩子需要父母的教育，父母不仅要保证孩子拥有强健的身体，还要给孩子一个健康的心灵。然而，想真正走进孩子的内心并不是一件容易的事情。

父母应该尝试与孩子建立朋友关系，而不是仅仅扮演父母的角色。

与孩子建立朋友关系意味着与孩子建立平等和尊重的关

系。父母应该尊重孩子的意见和想法，听取他们的需求和感受，并在适当的时候给予支持和指导。这种关系可以帮助孩子建立自信心和自尊心，并激发他们的创造力和探索精神。

与孩子建立朋友关系还意味着与孩子分享快乐和困难。父母可以与孩子分享自己的经历和故事，并鼓励孩子分享他们的经历和故事。这种共享可以帮助孩子更好地理解自己和父母，并加强亲子之间的联系和沟通。

与孩子建立朋友关系并不意味着父母应该放弃他们的责任和角色。父母仍然需要为孩子提供指导和支持，并确保他们的安全和幸福。但是，通过与孩子建立朋友关系，父母可以更好地了解孩子的需求和想法，从而更好地满足他们的需求和帮助他们成长。

父母应该尊重孩子的意见和想法，与他们分享快乐和困难，并在适当的时候给予支持和指导。通过这种方式，父母可以与孩子建立一种真正意义上的友谊，并在孩子的成长旅程中成为他们的朋友和支持者。

家长要重视和孩子的眼神交流，这是建立良好亲子关系的重要环节。父母的眼神可以让孩子感受到是否被重视，从而影响他们是否愿意与父母分享自己的心事。而时常保持微笑，用温暖的眼神回应孩子，会让孩子更愿意与家长进行交流。

家长应该主动与孩子分享自己的真实想法，即使是家庭生活中的一些小问题，也可以向孩子征求意见。这样，即使孩子无法给出有效的解决方案，也能培养家长和孩子之间的良好关系，让孩子感受到自己的存在价值，更愿意向父母敞开心扉。

有些孩子的真实想法会体现在他们的兴趣爱好上。很多家长对此常常忽视，认为孩子的兴趣爱好是浪费时间，这其实堵塞了与孩子沟通的道路。正确的做法应该是，父母在周末能和孩子一起参与他们的兴趣爱好，比如父亲和儿子一起打篮球，母亲问问女儿喜欢的偶像等，这样父母才能真正走进孩子的世界，被孩子视为朋友，从而更好地理解孩子，建立和谐的亲子关系。

了解孩子的需求，理解孩子的需求

许多家长觉得教育孩子是一项艰巨的任务，投入了大量的时间和精力，却往往无法得到预期的回报。原因在于，父母并不了解孩子的真实想法和需求。要成功地教育好孩子，家长首先要真正认识自己的教育对象，明确目标，有的放矢。

冰冰是一个独生女，从小在家中被父母宠爱备至，几乎不用做任何家务。冰冰的父亲一直主张培养孩子的独立生活能力，但母亲却认为，孩子现在的主要任务是好好学习，其他的事情在他们成人后自然就会了。

随着冰冰高中毕业，即将开始大学生活，冰冰的父母开始为她的离家生活做准备。然而，冰冰的母亲却选择了一种极端的方式，几乎每天都要去超市购物，为冰冰准备各种生活用品。冰冰的父亲对这种做法表示反感，他认为应该借此机会锻炼孩子独立处理事情的能力。

终于，开学的那天到来，冰冰的父母带着大包小包的东西，将她送到了学校，累得满头大汗。

在安顿好一切后，父亲对冰冰说："方便时多给爸妈发个视频，要不你不在家，我们会想你。"冰冰听后，忍不住在父亲的怀里哭了起来。冰冰的母亲对此感到十分委屈，她觉得自己为孩子付出了这么多，每天都在为孩子操劳，但孩子却丝毫不感激，甚至有时还会抱怨。

然而，冰冰的父亲只用一句话，就让孩子感动得泪流满面。他说的那句话，饱含着父亲对女儿的尊重、理解和疼爱。这也让冰冰明白，父母对自己的爱，并非只是物质的给予，他们更希望自己能独立、自主地生活。

冰冰在大学的生活开始了，她开始学会独立处理各种生活事务，从洗衣服到做饭，从安排自己的时间到处理与同学的关系，她渐渐地成长起来。她开始理解父亲的那番话，也开始理解母亲的那份担忧。她知道，父母对她的爱是无私的，他们只是希望她能够更好地生活。

冰冰也开始主动与父母沟通，分享自己在学校的点滴生活，让他们知道她过得很好。她也会在节假日的时候，回家帮助父母做一些家务，让他们知道她已经学会了独立生活。

冰冰的母亲看到女儿的改变，也感到十分欣慰。她明白，父母的爱并不只是给予，更重要的是引导和教育。她开始反思自己的教育方式，也开始尊重和支持冰冰父亲的教育理念。

在这个过程中，冰冰的家庭关系变得更加和谐，父母对她的理解和支持，让她感到无比的温暖。她也更加明白，独立生活不仅仅是生活技能的培养，更是自我认知的提升和自我成长的历程。

总的来说，父母对子女的教育，不仅仅是知识的传授，更是生活态度和人生观的引导。只有真正理解孩子，尊重孩子，才能引导他们走向独立、自主的人生。

走进孩子的内心，理解孩子的感受

在我们的日常生活中，很多家长往往过分关注孩子的学习成绩，却忽视了孩子内心的真实感受。长此以往，孩子的心理健康可能会受到严重影响。如果孩子长期处于被压抑和否定的环境中，他们可能会对亲情逐渐淡漠。更为严重的是，孩子可能会逐渐变得自闭，不愿意与人交流。

芳芳是家中的独生女，深得家人的宠爱。然而，一次偶然的顶嘴，让她的心情变得沉重起来。

那天，芳芳和母亲因为一点小事发生了争执。母亲脱口而出："真是白养你这个女儿了。"这句话在芳芳心中掀起了巨浪，她感到无比委屈，之后甚至没有再和母亲说一句话。

母亲察觉到了芳芳的异常，于是关切地询问："我没有说你什么，你到底为什么这么生气啊？"而芳芳的回答，却让母亲大吃一惊。她说："你都说白养我了，还要我干吗？你一点都不爱我。"原来，在芳芳的心中，那句话意味着母亲对她的否定和不爱。

很多家长常常口口声声说着理解孩子，却在实际行动中忽视了孩子的真实感受，很少去考虑孩子内心的压力。这样的行为，有可能在孩子心中埋下心理问题的隐患。如果离孩子最近的人——父母都不能真正理解他们，他们会越来越想要逃离家庭。

作为父母，要切切实实地理解孩子的内心感受，这对于孩子的健康成长至关重要。孩子的内心世界是复杂而神秘的，他们可能无法清晰地表达自己的感受，但他们的行为和情绪会透露出他们的内心状态。因此，父母需要通过观察和倾听，来理解他们的内心感受。

父母需要尊重孩子的感受，给予他们足够的关注和支持。当孩子表现出情绪时，父母可以给予温暖的拥抱、鼓励的话语，让孩子感受到自己的情感被认可和支持。这样可以让孩子感到被尊重和被爱，从而增强他们的自尊心和自信心。

　　父母需要倾听孩子的话语，了解他们的想法和感受。当孩子与父母分享自己的经历和感受时，父母应该耐心倾听，不要轻易打断或者批评孩子。父母可以给予孩子积极的反馈和建议，帮助他们更好地处理问题。这样可以让孩子感到被理解和支持，从而增强他们的沟通能力和解决问题的能力。

　　父母需要与孩子建立良好的关系，让孩子感到被尊重和被爱。父母可以花时间与孩子一起玩耍、阅读或者聊天，了解孩子的兴趣爱好、需求和问题。这样可以建立良好的亲子关系，让孩子感到被理解和支持，从而增强他们的情感稳定性和安全感。

　　理解孩子的内心感受是父母教育孩子的重要一环。父母需要通过观察、倾听，支持和理解孩子的行为和情绪，建立良好的亲子关系，让孩子感到被尊重和被爱。

切忌以成人的视角理解孩子

　　日常生活中，很多人都会因孩子不理解家长的苦心而烦恼。他们认为自己为孩子付出很多，辛苦地教育孩子，做什么事都是为了孩子，孩子怎么就不求进步，不理解父母辛辛苦苦栽培他们呢？很多父母都为此伤心难过。但是很少有人能从孩子的视角看待问题，父母总是只从自己的立场去看待问题，只会将孩子的一些短暂的情况连接起来，然后再上升到理性的角度去进行评判，如果只是用一些强迫的方式去改正他们眼中孩子的不好之处，还可能会让孩子受到更重的伤害。

今年上四年级的豆豆，对于即将到来的暑假充满了期待，因为他计划和父母一起去故宫游玩。当真正踏进故宫的那一刻，豆豆的兴奋之情溢于言表。他看着那些高大巍峨、金碧辉煌的宫殿，感到无比的新奇和兴奋。他好奇地询问父母皇帝的居所、上朝的地方以及宫殿里的椅子是什么样的，但父母却觉得这些问题幼稚可笑，并未认真回答。

在故宫里，父母被那些精美的艺术品所吸引，认真地欣赏着。然而，豆豆却对这些艺术品没有兴趣，他觉得这些艺术品并没有什么特别之处，于是他开始四处乱窜。过了一会儿，当父母鉴赏完一幅画作后，突然发现豆豆不见了。他们急切地四处寻找，最后在宫殿外的空地上找到了豆豆。原来，豆豆正在和小朋友们玩着小游戏。

看到这一幕的父亲非常生气，他带着豆豆进入博物馆，并让母亲看好豆豆。他对豆豆说："你答应过我们要听话的，现在却到处乱跑，我们不会让你再出来和别人玩了。"豆豆听后非常生气，他不明白自己为什么要去看那些让自己感到无聊的东西。

这样的场景在我们的日常生活中并不少见。许多父母在教育孩子时，往往无法站在孩子的角度看问题。他们总是从自己的角度出发，按照自己的行为准则来要求孩子，用大人的价值观来评价孩子，以一种高姿态来命令孩子。然而，大人和孩子的世界观是不同的，孩子有自己的小天地和心思。如果大人非要按照自己的思想塑造孩子，定会让孩子心中有所愤怒和不快。

此外，许多家长在处理问题时，只是为了让自己方便。他们并未考虑到孩子的感受和需求，而是把自己的需求放在首位。这种做法不仅无法真正解决问题，反而可能加剧矛盾。因此，父母在教育孩子时，需要更多地站在孩子的角度看问题，理解他们的需求和感受，才能真正达到教育的目的。

作为父母，我们常常会从成年人的角度去看待问题，并试图用自己的经验和知识去指导孩子。然而，这种做法往往忽略了孩子的独特视角和思维方式。因此，如果想更好地理解孩子，并帮助他们成长，务必站在孩子的角度思考问题。

孩子看待世界的方式与成年人截然不同。他们缺乏经验和知识，所以对于周围的事物有着强烈的好奇心和求知欲。他们更注重感受和情感，而非理性和逻辑。因此，我们需要用孩子的语言和思维方式与他们交流，以便更好地理解他们的需求和情感。

从孩子的角度思考问题也意味着要尊重他们的个性和独立性。孩子们需要感受到自己被尊重和重视，这样他们才能更自信地探索世界。我们应该鼓励他们表达自己的想法和感受，帮助他们建立自己的价值观和信仰。

作为父母，我们需要学会站在孩子的角度思考问题，以便更好地理解他们的需求和情感，并帮助他们成长。我们应该尊重他们的个性和独立性，鼓励他们探索世界，建立自己的价值观和信仰。只有这样，我们的孩子们才能成为独立、自信和有责任感的人。

强制的"爱"会带来伤害

在面对孩子的时候，有些父母总是习惯性地采取命令式的口吻进行交流，他们期望孩子能够完全按照他们的意愿来生活。这些父母坚定地认为自己的做法永远是对的，却很少能够站在孩子的角度去思考问题。当孩子的想法与他们的意见不符时，他们常常会根据自己的经验为孩子作出决定，而很少去考虑孩子内心真正的愿望。

在大部分家庭中，家长都在用这种强制的"爱"去教育孩子，他们希望孩子能够按照他们的意愿成长，却忽视了孩子的自由本质。他们强制孩子接受他们的思想，却忽视了培养孩子的独立思考能力。

然而，这样的教育方式并不能得到孩子的认同，反而会在孩子心中产生不满。他们可能会觉得自己的想法和需求被忽视，他们的个性被忽视，他们的独立思考能力被忽视。因此，他们可能会对父母的行为产生抵触，甚至可能会因此对父母的爱产生怀疑。

　　崔颢的父母事业心都很强，在工作上兢兢业业。崔颢是他们唯一的儿子，因此他们对崔颢也是寄予了很大的期望。孩子的舅舅是一位有名的厨师。每当家庭聚餐的时候，舅舅都能做出很多好吃的东西。孩子很喜欢他做的每一道菜，更喜欢他做的每道菜的形状。所以每次到姥姥家，他都喜欢和舅舅一起在厨房里面忙碌，而且决心以后也要做厨师。

　　高考报志愿时，崔颢按自己的心愿报了一所名声很好的职业院校，想学习烹饪，不过爸爸妈妈却强烈反对。妈妈说："你以为厨师很好吗？你就是没考上大学也不能去学做菜。你现在成绩这么好，你可以有更好的前途。"但崔颢却坚持自己的理想，不想轻易放弃。没想到，在填报志愿的最后阶段，父母私自篡改了他的志愿，还托了门路。之后崔颢顺利地被一所高校的金融专业录取了。崔颢父母觉得这个专业很有前途，金融也是个体面又能赚钱的行业，但崔颢却没有兴趣。接到录取通知书，崔颢顿时愣住了，他提出抗议，说不去上学。后来在朋友的调解之下，崔颢才决定去大学报到。

　　可是崔颢在校园里心情十分烦闷，开始厌学。慢慢地，他越来越喜欢逃课，更多的时候是待在宿舍里打游戏。

　　崔颢的这种情况让他的父母非常担忧，他们开始尝试用各种方法来激发崔颢的学习兴趣。他们试图让他参加金融类的实践活动，希望他能从中找到兴趣，但他们失败了。

崔颢的情况让他的舅舅也很担忧，他决定和崔颢进行一次深入的谈话。他告诉崔颢，每个人都有自己的梦想和兴趣，这是人生的一部分。他鼓励崔颢，无论面临多大的困难，都应该坚持自己的理想，追求自己的梦想。

舅舅的话深深地影响了崔颢，他决定重新找回自己的梦想。他开始利用课余时间学习烹饪，他甚至在学校里组织了一个烹饪兴趣小组。他希望通过这样的方式，更加接近自己的梦想。崔颢的父母看到了他的改变，决定支持崔颢的决定，他们意识到，只有做自己喜欢的事情，才能真正快乐。

在孩子成长的过程中，父母总是想要给孩子最好的，希望他们能够成为自己想要成为的人。然而，有些父母却会把自己的意愿强加给孩子，这样做会给孩子带来不必要的压力和负面影响。

孩子是一个独立的个体，他们有自己的梦想，父母应该尊重孩子的选择，帮助他们实现自己的梦想。如果父母一味地把自己的意愿强加给孩子，孩子会感到被束缚，无法自由地表达自己的想法和感受。这会导致孩子的自尊心和自信心受到打击，影响孩子的成长和发展。

父母应该以引导的方式帮助孩子成长，而不是强制孩子按照自己的意愿行事。父母可以给予孩子建议和指导，帮助他们做出正确的决策，但最终的决定权应该在孩子手中。这样，孩子才能学会自主思考和独立生活，成为独立、自信的人。

别把你的意愿强加给孩子，尊重他们的选择和意愿，让他们成为自己想要成为的人。只有这样，孩子才能在健康、快乐的环境中成长，实现自己的人生价值。

跟着孩子的成长规律改变

家有青春期孩子的父母应该深有体会，原来很听话的孩子突然不听话了，家长说什么都不听，做什么事都按他们自己的性子。其实这些都是正常的。相关心理学研究发现，随着孩子不断成长其想法也逐渐成形，此时如果父母再将自己的想法强加给孩子就会遭到抵抗。

燕燕的父母近期倍感忧虑，他们察觉到孩子学习态度不如以往那般端正。在最近的考试中，燕燕的成绩较上次有了大幅度下滑，老师甚至在家长会上提及此事。

燕燕在私立学校就读，平日也住在学校。起初，她刚入学时，常常会给家里打电话报平安。然而，这个学期开始，她给家里打电话的次数变得越来越少。即便父母询问她在学校的状况，她也总是不愿多说，有时甚至显得颇为烦躁，仅仅以"别烦我"一句话草草结束对话。

燕燕的母亲开始感到不安，孩子不再与她分享心事。每当孩子放假回家，母亲总会偷偷查看燕燕的物品，尤其是手机，留意她和哪位同学交流频繁。经过一番调查，母亲愈发焦虑：原来燕燕最近和一个男生走得很近。于是，她开始试图引导孩子说出实情："听说你们班上有同学早恋，你和哪个同学关系比较近呢？"燕燕立刻回答："我才没有早恋。"母亲稍微松了口气，但仍放心不下，提醒道："别和男生走得太近。"燕燕反驳道："能不能别这么烦？我最多只是和男生讨论问题罢了。难道不能有一个好的异性朋友吗？"面对这样的质问，母亲无言以对。

现在的孩子都比较敏感，一旦被干涉的事情过多，便会心生不满。然而，如果完全放任自流，父母又担心将来无法掌控局面。

母亲知道，燕燕已经长大，开始有了自己的想法。她需要更加尊重燕燕的独立性，同时也需要加强对燕燕的引导，让她明白如何处理与异性朋友的关系。

于是，母亲决定改变策略。她开始主动和燕燕进行深入的沟通，试图了解燕燕内心的真实想法。她告诉燕燕，她并不反对她有一个异性朋友，但是需要懂得如何处理这种关系，避免影响到学习和生活。

同时，母亲也开始加强对燕燕的陪伴，尽量多抽出时间与她一起度过，让她感受到家庭的温暖和关爱。她希望通过这种方式，能够让燕燕感到安心，不再需要从异性朋友那里寻找安慰。

而燕燕，也开始逐渐理解母亲的用心。她明白，母亲之所以会这么做，完全是因为关心她，担心她会走弯路。她开始尝试着去理解和接受母亲的想法，也开始更加注意自己的行为，尽量避免让母亲担心。

这个过程中，母女之间的关系也在逐渐改善。她们开始试着理解对方，也更加尊重对方的想法。

作为家长，我们都希望孩子能够健康快乐地成长，成为一个有自信、有才能的人。然而，在孩子的成长过程中，不同的阶段有着不同的需求和发展规律。作为父母，我们需要学会跟着孩子的成长规律改变，以便更好地引导和支持他们。

在孩子年幼时，我们需要给予他们足够的关爱和陪伴。这时候孩子对父母有着极大的依赖，我们需要通过关爱和陪伴来建立他们的安全感。同时，我们还要关注孩子的身心发展，适时地满足他们的各种需求，帮助他们建立良好的生活习惯。

随着孩子逐渐长大，到了学龄阶段，我们需要关注他们的学习和成长。在这个阶段，孩子的好奇心旺盛，求知欲强，我们需要鼓励他们认真学习，培养良好的学习习惯。同时，我们还要关注他们的兴趣爱好，尊重他们的个性发展，让他们在多样化的活动中发掘自己的潜能。

当孩子进入青春期，他们的生理和心理都会发生很大的变化。这时，我们需要尊重他们的独立意识，给予他们足够的自主权。同时，我们还要关心他们的心理健康，及时发现和解决他们面临的困扰。此外，我们还要引导他们树立正确的价值观，让他们明白努力奋斗的意义。

跟着孩子的成长规律改变，是我们作为父母的责任和义务。我们需要在孩子成长的每一个阶段，给予他们恰当的关爱和支持，让他们在充满爱和关怀的环境中茁壮成长。只有这样，我们才能培养出健康、快乐的孩子。

对孩子的优缺点了然于胸

每个人身上一定有好的地方和坏的地方，有优势也有劣势，家长要经常赞美孩子鼓励孩子，教孩子学会取长补短优劣互补。在生活中，有一些父母总是先找出孩子的不足，然后不断地告诫，让他改正自己的不足。父母总觉得自己没有做错，这样做孩子就会有进步，也就提高了能力。可是事实上并非如此。这种情况下，孩子很容易产生压抑和自卑的情绪，这非常不利于孩子的身心健康。

笑笑让妈妈操碎了心。一年级的他是班里最闹的"调皮鬼"，不是上课迟到被老师罚站，就是不做作业被叫家长……母亲最害怕的便是老师的电话，因为每次接电话准没什么好事儿。每次听到老师的"控诉"，母亲总是会训斥笑笑，骂了打了却并不见效。

笑笑的叔叔非常理解妈妈的难处，便想和孩子好好聊一聊。后来，叔叔和笑笑交流后，发现笑笑对画画很有兴趣。于是，叔叔就给笑笑买了很多画画需要的用具，让孩子去画他喜欢的东西。笑笑很兴奋，在叔叔的激励下，画了很多作品。看了笑笑的作品，叔叔对笑笑说："画得这么好，太棒了，怎么不画两张送给妈妈？"

笑笑想了一下说："妈妈会责怪我画得难看的。"叔叔鼓励笑笑说："才不会，妈妈会喜欢的。"妈妈收到笑笑的画，十分兴奋，然后很开心地对孩子说了一遍想法，还带着笑笑吃了一顿麦当劳。因为这件事，不但笑笑画画的技巧有了长进，而且，笑笑和妈妈的关系也开始改变。最近，笑笑的英语测试还得了 100 分，妈妈为此感到特别高兴。

作为父母，了解孩子的优缺点是非常重要的。这可以帮助我们更好地理解孩子，更好地支持他们的成长和发展。

要想了解孩子的优缺点，我们需要花时间观察他们。我们需要关注他们的强项和需要改进的地方。我们可以通过与孩子交流、与老师和其他家长交流，以及观察孩子的行为来获取这些信息。

一旦了解了孩子的优缺点，我们就可以开始制订适合他们的计划。我们可以利用他们的优点来帮助他们克服缺点。例如，如果孩子擅长数学，我们可以让他们参加数学俱乐部或为他们提供额外的数学学习资源，以帮助他们进一步发展这一技能。同时，我们可以帮助他们克服某些缺点，例如，如果孩子不擅长体育，我们可以鼓励他们参加体育活动，并提供支持和指导。

了解孩子的优缺点还可以帮助我们更好地与他们沟通。我们可以使用适合他们个性的方法来与他们交流，更好地理解他们的想法和感受。我们可以鼓励他们发展自己的兴趣爱好，并在他们需要帮助时提供支持和指导。

了解孩子的优缺点是父母的重要责任。通过观察、交流和支持，我们可以帮助孩子充分发挥自己的潜力，实现自己的目标。

二月

February

非暴力沟通：
　爱孩子就要好好说话

孩子可能不会成为你所期望的样子

日常生活中，大多数家长在教育孩子时，不经意间会使用一些挖苦的字眼，他们也许认为这种教育方式很有效，或认为这是不得不采用的教育手段。然而他们不知道的是，事实上，他们此举会摧残孩子的心灵，是在用"语言暴力"伤害孩子。家庭教育的普遍现象是在孩子的心灵上实施"语言暴力"。很多孩子都体验过这样或那样的"语言暴力"，导致很多孩子产生焦虑和自卑的负面情绪。

一鸣的妈妈年轻时曾梦想当钢琴家，但是因为各种原因未能实现，于是就希望孩子替自己实现梦想。虽然家里经济条件不是很好，可一鸣的妈妈还是坚持请家教辅导一鸣学琴，每天在一鸣耳边念叨："妈妈所有的希望都寄托在你身上了，你千万要用心练习。"

这天，妈妈先让一鸣演奏一首练习曲。可是，一鸣完全不在状态，弹错了好几个音。一鸣还没弹完这首曲子，妈妈就发火了："你简直是笨死了，这么简单都弹不好，干脆别学了！太笨了！简直无可救药！"妈妈的话还没说完，一鸣的眼泪就像断了线的珠子不停地流，眼睛肿得像核桃，他很想告诉妈妈："我真的已经很努力了，可是怎么都学不会，我为什么这么笨呢？"可是他心里又很害怕。

久而久之，一鸣变得内向了，也变得更加自卑了，跟妈妈之间的话也越来越少了。

如果你仔细观察，身边每天都会上演同样的故事。其实，家长内心都是爱孩子的，爱得越深，要求也就越高，但是家长并没有意识到对孩子恨铁不成钢的责骂也会成为"语言暴力"。孩子的心灵十分脆弱敏感，他们无法用客观的眼光看待一些问题，抗挫折能力很差，对家长的"语言暴力"根本无力招架。大多数情况下，家长无心的一句话，会给孩子的内心深处留下阴影。

作为家长，我们都希望孩子能够成为最好的自己，但是，在追求卓越的过程中，我们需要意识到，过高的期望可能会变成压力，甚至成为"语言暴力"。孩子的心灵就像一片净土，需要我们用温柔和理解去呵护，而非用责骂和压力去折磨。

面对孩子，我们需要更多的耐心和理解。孩子看待世界的方式与大人不同，他们的思维方式更加直接，他们的情感更加丰富。他们可能会犯错，可能会迷路，但这都是他们成长的过程。我们需要做的，是引导他们，是鼓励他们，而不是用严厉的语言去打击他们。

责骂可能会让孩子短暂顺从，但长期来看，它只会让孩子变得更加自卑，更加害怕失败。我们需要教会孩子的是如何面对失败，如何从失败中学习，而不是避免失败。因为只有经历过失败，才能真正成长。

作为家长，我们需要时刻提醒自己，我们的责任是引导孩子成为他们自己，而不是把我们自己的期望强加给他们。我们需要用理解和鼓励去支持他们，而不是用责骂和压力去打击他们。

冷嘲热讽带来的伤害比体罚更严重

冷嘲热讽的教育方式可能会对孩子的心理健康造成负面影响。孩子可能会觉得自己无法满足家长的期望，感到自己不够好，从而导致自尊心受损，产生沮丧、焦虑和抑郁等情绪问题。

此外，长期接受冷嘲热讽的孩子可能会在社交上遇到困难。他们可能会变得不自信，缺乏与人交往的勇气，从而难以建立良好的人际关系。这对孩子的未来发展可能会造成负面影响，限制他们的社交圈子和职业发展。

尽管一些家长认为有压力才有动力，但过度的压力和冷嘲热讽的教育方式可能会产生相反的效果。孩子可能会变得抵触、反抗，甚至失去学习的兴趣和动力。

初一的孩子凡可很爱玩。平日里，妈妈一旦发现凡可没有认真学习，就会开始数落他："你还不努力读书，你将来能做啥？""除了玩就知道玩，我看你无可救药了"……每当妈妈这样说自己时，凡可心里特别不是滋味。

不久前学校月考，凡可在班级排 30 多名。妈妈很生气，说道："真是笨死了，这么少的分也好意思拿回家。我白养了你这个儿子。"

当晚，凡可和爸爸妈妈一块看电视。电视正播放火星探测器"天问一号"发射升空的画面。凡可很向往："我以后也想从事航天事业。"妈妈瞄了凡可一眼说："就凭你这个成绩，长大后能做扫地的活儿就不错了。"

有很多家长都像凡可妈妈这样尖酸挖苦，以为这样可以激发孩子的斗志。孩子犯了错误，对孩子冷嘲热讽，孩子有了进步也不表扬，也是冷嘲热讽。孩子长时间受到父母的挖苦讽刺会变得很自卑，甚至再也没有上进的意愿。家长的话中带刺会让孩子的内心受到伤害，给孩子留下难以修补的创伤。

当天晚上，凡可爸爸对凡可的妈妈说："凡可妈，你这样打击凡可并不好。每个人都有自己的兴趣和梦想，我们不能因为他的成绩就否定他的梦想。你应该鼓励他，支持他，帮助他找到自己的兴趣所在。"

凡可的妈妈听了爸爸的话，愣住了，然后有些生气地说："我这是为他好，让他知道只有努力学习才能有出路。"

凡可的爸爸摇了摇头，语重心长地说："凡可妈，你知道吗？孩子是需要鼓励和认可的。你这样冷嘲热讽，只会让他对自己失去信心，对学习产生反感。你应该试着去理解他，去发现他的优点，然后鼓励他。这样，他才会真正有动力去学习，去实现自己的梦想。"

在接下来的日子里，凡可的爸爸妈妈开始试着去理解凡可，去发现他的优点，然后鼓励他。他们发现，凡可并不是他们想象中的那样，他有很多的优点，也有很多的想法。凡可也在爸爸妈妈的鼓励下，慢慢地找回了学习的信心。他开始努力地学习，也努力地去实现自己的航天梦。他知道，只有通过自己的努力，才能让爸爸妈妈为他骄傲。

在这个过程中，凡可的爸爸妈妈也学到了很多。他们明白了，每个孩子都是独一无二的，他们需要的是理解和支持，而不是冷嘲热讽。

家长对孩子冷嘲热讽是一种常见的伤害方式，这种伤害比体罚更严重。体罚可能会在身体上留下痕迹，但冷嘲热讽却会在孩子的心理上留下难以愈合的伤痕。

当家长对孩子冷嘲热讽时，孩子会感到自己被贬低、被轻视，他们的自尊心会受到极大的伤害。孩子可能会觉得自己不够好，不值得被爱，这会导致他们对自己的价值感产生怀疑，从而影响到他们的自信心和情绪。

冷嘲热讽也会让孩子感到不被理解和支持。孩子们需要家长的支持和鼓励来面对生活中的挑战，如果他们得到的只是家长的讽刺和挖苦，那么他们可能会感到无助和孤独。

更重要的是，冷嘲热讽会破坏家长和孩子之间的关系。孩子会感到自己无法与家长沟通，无法得到家长的理解和支持，从而导致他们与家长之间的距离越来越远。这不仅会影响到孩子的成长，也会影响到家庭的和谐。

因此，家长需要意识到冷嘲热讽对孩子的伤害，并尽可能避免这种行为。相反，家长应该用温暖的语言来鼓励孩子，帮助他们建立自信心和自尊心。只有这样，孩子才能在健康和快乐的环境中成长。

逞能的父母养育出无能的孩子

日常生活中，一旦孩子犯了错误，家长在批评这件事的同时常常会将批评范围扩大到孩子的习惯、性格等其他方面，部分家长甚至用脏话责骂孩子。事实上，家长这样做，会让孩子的自尊心受到巨大的伤害，进而会挫伤孩子的自信心。

明明已经上三年级了。这天，妈妈想让明明锻炼一下动手能力，就对明明说："我和你爸爸上班很累了，吃完晚饭，由你来刷碗。"明明开心地答应了。晚饭后，妈妈把脏碗筷帮明明放到洗碗池内就出去了。明明挽起袖子，认真地刷起碗来。

一会儿，厨房传来了明明的喊声："妈妈，我把碗都洗好啦！"

妈妈说："我检查一下你洗得干不干净。"妈妈进到厨房，拿起明明洗的碗一看，皱起了眉头。她说："看你洗的碗，里面还有油，碗的外面也洗得不干净。我教过的你都没听进去吗？洗碗都这么失败，可真够笨的。"明明傻愣愣地站在那儿，委屈得要流下泪来。妈妈感到很不耐烦："就知道哭，你还能干什么？"

这时爸爸也来了。他随手拿起一个碗，边洗边对明明说："要用热水洗碗，这样油污才能下去，冷水洗不可以。碗的里外都需要仔细清洗，你刚才洗的时候把外面漏掉了。用洗洁精洗一遍后，要放到清水里冲一下。用干净的布把碗擦干后在碗柜里摆放整齐。学会了吗？"明明点点头。爸爸亲切地鼓励他说："来，再去洗一下，让我看看。"明明按照爸爸说的方法，很快就洗好了碗。爸爸表扬他："我儿子很聪明啊，学得真快。"明明害羞地笑了。

明明的父母展示了两种批评教育的方式。明明妈妈说孩子能力差所以连碗都洗不好，既伤害了孩子的自尊心，又没让孩子明白怎么做是对的；而明明的爸爸对事不对人，耐心指导错在哪里，如何改正，这样孩子就很容易听爸爸的话，并且掌握了洗碗的方法。

逞能的父母往往过分强调自己的能力和成就，忽视了孩子的实际能力和需要。他们可能会过分干涉孩子的生活，不给孩子自主决策的机会，甚至强迫孩子按照自己的意愿行事或者打击孩子。这样的教育方式会让孩子失去自主性和自信心，养成依赖父母的习惯，无法独立思考和解决问题。

当孩子进入学校或社会时，他们会发现自己无法适应环境，缺乏必要的社交技能和解决问题的能力。由于长期依赖父母或被父母打压，他们可能无法独立生活和作出决策，甚至可能出现焦虑和抑郁等心理问题。

因此，逞能的父母需要认识到自己的行为对孩子的影响，并逐渐放手，少干预少打击，给孩子更多的自主权和决策权。父母应该鼓励孩子尝试新事物，帮助他们建立自信心和独立性。同时，父母也应该为孩子提供必要的支持和指导，帮助他们克服困难，迎接挑战。

切忌不分场合批评孩子

很多家长总是不分场合地批评孩子。在一些公共场所，例如超市、车站、银行，很容易见到家长打骂孩子的情况，或者家长当着孩子朋友的面非打即骂，置孩子的自尊心于不顾。很多家长在公众场合管教孩子，是为了让孩子长记性；还有一些是由于孩子让自己在众人面前下不了台，无法控制自己的情绪而对孩子加以指责。

晓宇跟妈妈一块儿去参加一个婚宴，妈妈坐的这桌小孩子只有晓宇一个。他趁妈妈没注意，伸手从盘子里抓过一只大虾想要吃。妈妈立刻拿起筷子敲晓宇的手背，气愤地说："不许吃。我没教过你吗？不许先吃，没礼貌。"

晓宇的手抬起也不是，放下也不是，发现一桌人的目光都聚集在自己身上，被吓得眼泪在眼眶里打转。身旁的大人都劝道："小孩子容易饿，让他吃吧，没关系。"妈妈坚定地说："这怎么行，越惯着他越不像话。"她脸色一沉，对晓宇说："就会吃，在家没吃过吗？一点礼貌都没有。"晓宇很委屈，扔下手中的虾，迅速地跑向门口，妈妈不得不在后面追他，全大厅的人都面面相觑。

在公共场所打骂孩子并不是一个好的教育方式。这种行为不仅会损害孩子的自尊心，还可能让他们感到羞愧和恐惧。更重要的是，这会给周围的人带来不必要的困扰和不适。作为家长，我们需要以身作则，尊重他人，同时也要尊重我们的孩子。

对于那些在公众场合管教孩子以期望他们长记性的家长，我建议你们可以尝试其他更有效的方法。比如，当孩子做错事时，可以先让他们理解自己的行为为什么是错的，然后让他们承担一些后果，比如失去一些特权。这样的教育方式不仅可以让孩子更好地理解自己的错误，也有利于培养他们的责任感和独立性。

对于那些因为孩子在公众场合发脾气的家长，我建议你们要先冷静下来，然后以更恰当的方式处理这种情况。比如，可以把这看作是一个机会，向孩子展示如何在公众场合表现得体。同时，也可以借此机会反思自己的行为，看看是否有需要改进的地方。

如果妈妈对晓宇说："晓宇，我知道你饿了，但是你要知道，餐桌礼仪是很重要的。你这样直接拿东西吃，会让别人觉得你没有家教，这是对别人的不尊重。你明白吗？"可能就避免了上面的尴尬。

批评孩子时，家长应该选择适当的时间和地点。最好在私下里与孩子谈话，并确保他们有足够的时间和空间来表达自己的观点。家长还应该避免在情绪激动时批评孩子，以免说出过激或不必要的言论。

家长应该尽量理解孩子的想法和感受，并尊重他们的观点。在批评孩子时，家长应该用正确的方式表达自己的观点，避免使用攻击性语言。

不分场合地批评孩子可能会对他们的情感发展造成负面影响。家长应该注意时间和场合，并在批评孩子时尊重他们的观点和感受。这样，家长才能有效地帮助孩子成长和发展。

恐吓式教育有用但不可取

日常生活中，我们常能听到父母对孩子说"还不老实，就把你送人""让警察叔叔把你抓走""把你送到医院去打针"等。家长常会对年龄较大的孩子说"再考砸，就别再进家门了！""再让我抓到你这样，把你的腿打断了！"……据调查，或轻或重恐吓过孩子的父母比例高达90%。这种做法会使孩子产生巨大的精神压力，同时也容易使孩子变得胆小、懦弱。

小永5岁了，有天爸爸给他讲小红帽的故事。爸爸用生动活泼的语气讲故事，小永被深深吸引了。他感觉自己就像是小红帽，正在去外婆家的路上。种类繁多的小动物一起住在大森林里，还有五颜六色的花朵。

讲到外婆和小红帽被大灰狼吃掉，爸爸故意做出很可怕的表情，把脸凑到小永眼前，沉下嗓音说："如果你继续哭，大灰狼就来吃你了哦。"小永吓得小脸惨白。爸爸继续说："不听话的小孩最合大灰狼的口味。你要是不听话它就会把你吃掉。"小永吓得点头如捣蒜，说："我以后会乖乖听话的。"在以后的日子里，小永的胆子变得特别小，一旦晚上关了灯，就感觉很害怕，还会吓哭。

有一天，小永的妈妈终于发现了小永的异常。她看到小永晚上睡觉时总是瑟瑟发抖，一关灯就哭闹不止。她温柔地抚摸着小永的头发，轻声问："宝贝，你怎么了？是不是做噩梦了？"小永抽泣着说："妈妈，我害怕大灰狼，它会把我吃掉。"

小永的爸爸听了，感到很惊讶，他从未意识到自己的教育方式会对小永产生如此大的影响。从那以后，每当小永有不听话的时候，爸爸也不会再用恐吓的方式来教育他，而是耐心地给他讲道理，让他自己认识到错误。

渐渐地，小永的胆子变得越来越大，晚上关灯也不再害怕了。他知道，大灰狼只是一个故事里的角色，现实生活中并不会出现。而他的爸爸和妈妈，永远都会保护他，给他一个温暖的家。

恐吓孩子可能会让他们产生恐惧感。当他们听到"让警察叔叔把你抓走"或"把你送到医院去打针"时，他们可能会真的以为警察叔叔会来抓他们，或者医院是一个可怕的地方。这种恐惧感可能会影响他们的日常生活，甚至影响他们的睡眠。

恐吓孩子也可能会影响他们的自我认知。当父母说"再考砸，就别再进家门了！"或"再让我抓到你这样，把你的腿打断了！"时，孩子可能会认为他们自己是不好的，不值得爱的。这种自我认知可能会影响他们的自尊心，甚至会影响他们的人际关系。

最后，恐吓孩子也可能会影响父母与孩子之间的关系。

当孩子感到恐惧时，他们可能会开始逃避父母，甚至可能会开始恨父母。这种紧张的亲子关系对孩子的成长是不利的。

因此，虽然恐吓孩子可能会在短期内产生一定的效果，但从长远来看，这种教育方式是不可取的。作为父母，我们应该用更积极、更健康的方式来教育孩子，帮助他们成长为独立、自信、有爱心的人。

表扬也是一门艺术

孩子越夸越成才，家长经常夸奖孩子，对他们良好性格的养成是有好处的，也有利于孩子树立自信心。行为心理学告诉我们，表扬是使一些正确的行为维持下去的最佳方法。虽然父母可以用批评的手段去纠正孩子的错误行为，但是效果远不如表扬。事实上，许多父母也了解到了表扬的重要性，可是发现没起到什么效果，原因是家长采用了错误的表扬方法。不恰当的夸奖不但起不了好作用，有时还会产生消极的作用。

江江已经6岁了。有一天，他的叔叔来家里，江江正聚精会神地做功课。站在江江身边的叔叔夸奖道："江江真棒，连字都会写了。"被叔叔这样表扬，江江却不开心了。他一把扔掉笔，告诉叔叔："写字我早就会了，我们班所有的小朋友都会写了，只有小笨蛋现在才会写。"叔叔意识到自己说错话了，他笑道："江江怎么会是笨蛋呢？认识了这么多字只有聪明的孩子才会。"

我们可以看到叔叔的表扬让江江感到不开心，因为他觉得叔叔的表扬显得他很特殊，而他并不想因此而显得与众不同。这告诉我们，虽然表扬对于孩子的成长非常重要，但我们必须注意表扬的方式和内容。

首先，我们应该尽量避免使用过于夸张或者错误的表扬。比如，江江的叔叔夸奖他"连字都会写了"，这显然是一个错误的表扬，因为江江已经6岁了，这个年龄的孩子应该已经学会写字了。这样的表扬不仅不能让孩子感到高兴，反而可能会让孩子感到尴尬或者有挫败感。

其次，我们应该尽量表扬孩子的努力和进步，而不是单纯地表扬他们的结果。比如，我们可以夸奖孩子"你真棒，你努力学习了这么多字"，而不是简单地说"你真棒，你认识了这么多字"。这样的表扬可以让孩子明白，他们的努力和进步是可以被看到的，而不是只有结果才是重要的。

最后，我们也要注意表扬的频率。过多的表扬可能会让孩子产生免疫，或者让他们过于依赖外部的评价。因此，我们应该适时地给予表扬，让孩子既能感受到被认可，又能保持对自我努力的认知。

总的来说，表扬是一种非常重要的教育方式，但我们必须注意方式和方法。只有用对了表扬，我们才能真正地帮助孩子健康成长。

三月
March

掌控情绪：
发脾气是本能，控制脾气是本事

培养孩子的耐心

　　小胜是个急性子，复习功课的时候，总是急急忙忙地翻翻这本书又看看那本书，然后每次都感叹一声"啊呀，什么时候才能看完呀"。有一次，在做练习题的时候，小胜急急忙忙拿来就做，也没有认真读题，做到中间发现错了，就着急地用橡皮擦，可是因为太用力，几下就把本子擦破了，只好撕掉，再重新来，可是越急越出乱，结果那次作业写到晚上10点才算写完，仍错误百出。为此，小胜急得没少哭鼻子，父母除了劝慰也找不到什么好的办法。

　　他们带小胜去看心理医生，了解他的情绪和心理状态。医生告诉小胜，他需要学会控制自己的情绪，不要过于急躁和焦虑。

　　小胜的父母也开始给他制订详细的学习计划，让他有目的地进行复习和练习。他们告诉小胜，学习需要有耐心和恒心，不能急于求成。他们还鼓励小胜多参加一些社交活动，让他放松心情，缓解压力。

　　经过一段时间的努力，小胜的情况开始逐渐好转。他学会了控制自己的情绪，不再那么急躁和焦虑。他也开始认真对待学习，有计划地进行复习和练习。他的成绩也开始逐渐提高，父母也感到非常欣慰。

培养孩子的耐心非常重要，因为耐心可以帮助他们更好地面对挫折和困难，并且能够更好地完成任务。

要培养孩子的耐心，以下是一些可以帮助孩子培养耐心的方法：

给孩子足够的时间：孩子们需要时间来完成任务，玩耍和学习。作为父母或老师，我们应该给他们足够的时间来完成任务，而不是催促他们。

鼓励孩子坚持：当孩子遇到挫折或困难时，我们应该鼓励他们坚持下去，帮助他们找到解决问题的方法，而不是轻易地放弃。

培养孩子的兴趣爱好：当孩子对某件事情感兴趣时，他们更容易保持耐心和专注。因此，我们应该帮助孩子发现自己的兴趣爱好，并提供支持，给予鼓励。

给予孩子适当的奖励：当孩子表现出耐心和坚持时，我们可以适当地给予奖励和认可，激励他们继续坚持下去。

我们应该教会孩子接受失败。失败并不可怕，重要的是要学会从失败中汲取教训，并且坚持不懈地追求自己的目标。

此外，我们还应该教会孩子如何规划自己的时间。让孩子学会制订计划，并且按照计划去完成自己的任务。

我们应该为孩子树立榜样。作为父母，我们应该教育孩子，并且成为他们的榜样。

改掉娇生惯养的脾气

煜婷今年 10 岁，是一个非常任性的小女孩。在家里，爸爸妈妈什么事都要依着她，要不然她就会没完没了地吵闹下去。因为每天都长时间看电视，煜婷的眼睛有些近视，妈妈劝她多休息少看电视，她随口就说："我想看就看，你们不用管！"前两天家里来了客人，妈妈做好饭后，让爸爸和客人先吃，把煜婷放到了后面。这下煜婷不高兴了，当着客人的面就摔了筷子，气得妈妈直跺脚："你这孩子太任性了，真是快把我气死了！"

煜婷的任性让她的父母感到非常头疼，他们知道这样下去不是办法，必须要采取一些措施来纠正她的行为。于是，他们决定利用一些家庭规则，让煜婷明白什么是正确的行为。

首先，他们限制了煜婷看电视的时间，每天只能看一个小时的电视，而且必须是在完成作业之后。开始的时候，煜婷非常抗拒这个规定，但是经过父母的耐心解释和坚持，她慢慢地接受了这个事实。

其次，他们教育煜婷要尊重别人，不能因为自己的任性而影响到别人。他们让煜婷明白，每个人都有自己的权利和义务，不能只顾自己的感受而忽视别人的感受。

最后，他们鼓励煜婷多参加一些户外活动，如游泳、骑车等，以增强她的体质，同时也能让她远离电视，对眼睛的损害也会减小。

经过一段时间的努力，煜婷的行为有了明显的改善，她不再那么任性，也学会了尊重别人。她的父母看到她的改变，感到非常欣慰，他们知道，虽然改变一个人的性格并不容易，但是只要用心去做，总会看到成果的。

谁都不希望自己的孩子成为刁蛮、任性的人，最后连一个朋友也交不到。当孩子产生任性心理时，我们要及早发现，并给予适当的引导。这样，才能让她们远离骄纵任性。父母应该怎样做呢？

父母在引导孩子远离任性时，需要采取一系列的教育方法和策略。首先，父母应该以身作则，营造良好的家庭氛围。家庭是孩子性格形成的最基本环境，父母的言传身教对孩子产生深远的影响。父母应该在日常生活中注重自己的言行举止，尽量避免在孩子面前表现出任性、暴躁等不良情绪。同时，父母之间也要保持和睦相处，避免在孩子面前争吵，营造一个温馨、和谐的家庭环境。

其次，父母要尊重孩子的独立性，鼓励孩子自主做决策。很多孩子产生任性心理，是因为父母过度干涉他们的生活，导致孩子产生逆反心理。父母应该学会尊重孩子的兴趣和爱好，让他们有自己的空间去探索、尝试。在孩子遇到问题时，父母可以给予建议和指导，但不要强迫孩子按照自己的意愿行事。

此外，父母要教育孩子学会承担责任。当孩子任性行事导致不良后果时，父母应该让孩子承担相应的责任，让他们意识到自己的行为会带来什么样的后果。这样，孩子在作出决策时会更加慎重，任性心理也会逐渐减弱。

最后，父母要注重培养孩子的同理心。同理心是理解他人感受和需求的能力，具备同理心的孩子更容易与别人建立良好的关系。父母可以通过生活中的点滴小事，引导孩子关注他人的感受，学会站在别人的角度思考问题。这样，孩子在与人交往时会更加善解人意，任性心理也会逐渐消退。

总之，父母在教育孩子远离任性时，需要从多个方面入手，既要关注孩子的情绪变化，又要注重培养孩子的独立性、同理心等品质。只有这样，孩子才能在成长过程中逐渐摆脱任性心理，成为一个性格良好、受人欢迎的人。

帮孩子消除浮躁情绪

在学习和生活中，很多孩子会心神不定，做事难以专心；心浮气躁，行动盲目；急功近利，整天幻想"天上掉馅饼"；没有耐性，缺乏恒心和毅力；这些问题的出现，很大程度上是由于孩子们缺乏专注力、耐心和恒心。

小明是一个活泼好动的孩子，好奇心驱使他总是不断地探索周围的世界。然而，这种好奇心也让他变得十分浮躁，难以集中精力在一件事情上。

有一天，小明放学回家后，发现家里多了一盆植物。他好奇地问妈妈："这是什么植物呀？"妈妈告诉他："这是一盆吊兰，可以帮助净化家里的空气。"小明决定好好照顾这盆吊兰，让它茁壮成长。

起初，小明每天都给吊兰浇水、松土，忙得不亦乐乎。可是，没过几天，他就厌倦了这种日复一日的工作，开始变得浮躁起来。他心想："天天都要照顾这盆吊兰，真是太麻烦了，我能不能找个更轻松的方法呢？"

一天放学后，小明看到班级里的同学在玩一款新游戏，觉得非常有趣，便回家后立即下载了这款游戏。从此，他沉迷于游戏的世界，每天回家后就一头扎进游戏里，忘记了照顾吊兰的事情。

如果浮躁心理不及时得到纠正和克服，势必会影响孩子的生理健康，造成生理功能紊乱、神经紊乱、睡眠障碍、心理紧张、烦恼、易怒、降低注意力和思维能力等。

那么造成孩子心理浮躁的原因有哪些呢？一般来说，内部原因分为个体的神经类型、人格特征、个人认知对孩子的影响，外部原因主要是社会环境、家庭教育和学校教育对孩子的影响。浮躁心理很容易使孩子失去自我，随波逐流、盲目行动。

那么父母如何帮助孩子克服浮躁心理呢？

培养孩子认真的能力。认真是一种聚精会神的能力，更是深入一件事情和彻底弄透一件事情的能力，也是时时刻刻全力以赴学习的能力。所以我们在教育孩子时，不能只相信孩子说"学会了""听懂了"，而是让孩子真正做出来、表现出来，才算是真正地会了、懂了。

孩子一浮躁就静不下心来，就不能专心致志地学习，一会儿想做这件事情，一会儿又想做那件事情，结果做任何事都是蜻蜓点水、浮光掠影，结果到头来一无所获。

培养专注力。孩子们需要学会专注于当下的任务，不被外界所打扰。可以通过冥想或深呼吸等方式来帮助孩子提高专注力。

培养耐心和恒心。孩子们需要学会不轻易放弃，不追求速成，而是坚持不懈地努力。可以通过让孩子等待、让他们经历一些失败和挫折、鼓励他们长期做一件事情等方式来帮助他们培养耐心和恒心。

帮助孩子树立正确的学习态度和人生观念。孩子们需要明白成功不是一蹴而就的，而是需要付出努力。可以通过向孩子们讲述成功人士的奋斗历程、鼓励他们尝试不同的事情、帮助他们树立正确的人生目标等方式来帮助他们树立正确的学习态度和人生观念。

同时，父母尽量创造一个良好的环境，避免孩子注意力分散。例如应尽可能避免一切外来干扰，当孩子在学习时，要把电视、电脑、手机等可控制的干扰关闭，排除可能分散孩子注意力的因素，为孩子提供一个安静的学习环境。另外，当孩子要求独自玩游戏时，在没有危险的情况下，父母不要进行干预，过多的干预会影响孩子的专注力。

了解孩子的情绪表达特点

董华最近情绪异常低落，让他的父母感到非常担忧。经过一番了解，他们发现是因为董华的好朋友小兵突然和他的关系变得疏远。

父母意识到董华可能正在经历他人生中的第一次友情危机，他们决定采取行动帮助董华渡过这个难关。他们首先告诉董华，友情有时候也会经历一些波折，这是很正常的。然后，他们鼓励董华主动去和小兵沟通，了解彼此的想法，看看是否有什么误会或者问题需要解决。

董华在父母的鼓励下，鼓起勇气去找小兵。在这个过程中，董华不仅学会了如何处理友情危机，还学会了如何面对人生的挫折和困难。他明白了，无论遇到什么问题，只要勇敢面对，积极解决，总会找到答案。他也明白了，友情是需要经营的，只有真诚相待，才能赢得别人的尊重和友谊。

孩子也会有各种情绪，父母不能忽略了他们的情感变化。儿童心理学家指出，孩子比成人更容易精神抑郁。因此，理解孩子的情绪表达方式是父母的必修课。

孩子有丰富的感情世界，内心十分脆弱，很容易受到伤害。孩子不像大人，他们不擅长通过语言来表达自己。男孩子体内的睾酮让孩子更喜欢通过运动、打斗等剧烈的身体活动来发泄情绪。有些孩子甚至用伤害自己的方式，如用头撞墙等，来表达激烈的情绪。

大多数情况下，父母常忽略了孩子的情绪，只是觉得孩子闷闷不乐，做事没兴趣，误认为孩子就是这个样子。许多孩子在被忽视中变得自卑、脾气古怪、暴躁，而父母却不知道原因何在。

所以，作为父母，了解孩子的情绪表达特点是非常重要的。

孩子情绪表达的特点之一是他们往往不会隐藏情绪。当孩子感到高兴时，他们会笑或跳跃；当孩子感到生气或不满意时，他们会发脾气或哭闹。这种情绪表达方式是孩子的一种本能，也是他们情绪表达能力不发达的表现。因此，父母需要接受孩子的情绪表达方式，不要指责他们，而要试着去理解他们的情绪。

孩子情绪表达的特点之二是他们往往不会用语言来表达

情绪，而是通过行为和身体语言来表达。例如，当孩子感到害怕时，他们可能会躲在父母的身后，或者抓住父母的手臂。当孩子感到生气时，他们可能会扔东西。父母需要理解孩子的这些行为，并试图帮助他们表达情绪。

孩子情绪表达的特点之三是他们往往会在情绪激动时失去控制。当孩子情绪激动时，他们可能会失去控制，例如哭闹、尖叫或者踢打。此时，父母需要保持冷静，可以让孩子画画、听音乐或者做运动，帮助孩子平复情绪。

父母需要了解孩子的情绪表达特点，以便更好地理解他们的情绪，并与他们更好地沟通。父母需要接受孩子的情绪表达方式，帮助他们表达情绪，并保持冷静，以便更好地应对孩子的情绪。

帮助孩子克服消极情绪

上初一的王婷是班里的学习委员，学习成绩一直不错，每次考试都很理想，是父母眼里的好孩子。但是前段时间她得了场大病，落下了不少功课。她害怕考试时考不出好成绩，觉得自己现在每科都学得不好，别的同学都比她优秀，为此吃不下饭，睡不好觉，还常常唉声叹气。

这次考试，王婷的成绩也确实下降了。她受到了沉重打击，变得沉默寡言、精神萎靡，还怕与老师和同学见面。她辞掉了学习委员的职务，还经常逃课。

青春期的孩子面临着生理上和心理上的急剧变化，往往缺乏调整情绪的好方法，容易产生心理问题。

孩子的消极情绪多与家庭环境压抑、父母关系不和谐、过多的压力等有关，常常表现为精神恍惚、疑虑重重、心情不好、自我封闭等。

父母对孩子的期望过高，管教过严，超过孩子所能承受的范围，也会导致心情不佳，思想闭塞，情绪压抑。

父母要留心孩子的表现及心理变化，采取预防措施，一旦发现孩子有情绪消极的表现，就要及时给予引导和帮助，避免严重的消极情绪发展为抑郁症状。同时，父母要和孩子保持良好的沟通，努力营造和谐的家庭环境，让孩子保持快乐的心情。

面对王婷的情况，她的父母看在眼里，急在心里。他们明白，此时王婷最需要的是关爱和支持。于是，他们决定共同努力，帮助王婷渡过这个难关。

父母主动与王婷沟通，试图了解她内心的想法和困扰。他们鼓励王婷，告诉她每个人都有不顺利的时候，关键是要勇敢面对，相信自己有能力战胜困难。同时，父母也尽量减轻王婷的学习压力，让她明白成绩并不是衡量一个人价值的唯一标准。

此外，父母还积极营造一个良好的家庭氛围，创造一个轻松、和谐的生活环境。他们关心王婷的生活，陪伴她参加各种活动，帮助她建立自信，重拾对学习的热情。

在学校方面，班主任老师也关注到了王婷的变化。她特意找王婷谈话，鼓励她要相信自己的能力，不要因为一时的挫折而放弃。同时，老师还安排了一些成绩较好的同学与王婷组成学习小组，互相帮助，共同进步。

渐渐地，在父母和老师的关爱下，王婷的心态逐渐好转。她开始尝试着面对自己的问题，不再逃避。她重新担任学习委员，鼓起勇气与老师和同学交流。经过一段时间的努力，王婷的成绩逐步回升，她也变得更加乐观、自信。

孩子正处于生长发育过程中，他控制情绪的能力可能不像成人那样强，出现各种情绪问题的可能性、消极情绪爆发的频率可能会远远高于成人。因此，父母要允许孩子有自由表达各种情绪的权利。父母要认识到，孩子表达情绪的过程其实就是一个宣泄的过程，就是一个学习的过程。父母不要压抑孩子的消极情绪，否则，消极情绪积压到一定程度往往会造成各种心理或生理问题。

接纳孩子的消极情绪并不是说父母对孩子的消极情绪不闻不问、无所作为。父母应根据自身的经验来引导孩子合理地控制不良情绪。比如当孩子发怒时，父母应该告诉孩子，你可以生气，但是不可以伤害他人或者破坏物品，父母可以及时把孩子带出那种"一触即发"的环境，并试着分散他的注意力。如果在交谈或引导后，孩子还是要发脾气，建议暂时不要理睬孩子，可以站在孩子附近，但是不要介入，要让孩子明白父母不会被他的消极情绪所控制，直到他慢慢平息下来。

同时，父母要有意识地培养孩子的抗压能力，让孩子充满自信地去面对各种困难和逆境，教育孩子学会坦然地面对挑战，锻炼孩子坚强的意志力，进而提高孩子的抗压能力。

现在的孩子多是独生子女，和外界接触较少，往往没有朋友，这会让孩子的消极情绪得不到及时的排解，而交朋友，会让孩子觉得身心愉悦，有助于消极情绪的改善。

父母要鼓励孩子多与同龄伙伴交往，可以经常邀请孩子的朋友来家里做客、玩游戏，教会孩子与他人融洽相处，孩子的心胸和视野开阔了，消极情绪也会渐渐消失。

四月
April

忍住，别插手：
让孩子实现自我管理

父母事事操心，孩子处处不行

现在的孩子，身上最缺乏的就是勤奋。

在家里，孩子一般什么都懒得干：

"今天咱家要打扫卫生，你扫地还是擦桌子？"

"可是我要看书呢。"

"要吃饭了，快来帮妈妈摆好碗筷。"

"哎呀，妈妈我要看动画片，还是你来吧。"

有的父母心疼孩子，认为现在的孩子都这样，就由着孩子的性子来，家务事从来都不需要他们做，时间长了，孩子就养成了懒惰的习惯。然而懒惰正好是成功的克星。要知道天下没有免费的午餐，要想收获美好的果实，就必须为此付出辛勤的劳动。

除了家庭环境的影响，现代社会的便利性和娱乐文化的盛行也是孩子懒惰的原因之一。现代科技带来的方便和享受，让孩子们变得越来越懒，越来越不愿意付出努力。他们沉迷于电子设备和社交媒体中，浪费大量时间，而忽视了学习、锻炼和做家务等实际有用的事情。

这种懒惰的习惯会给孩子带来负面的影响。缺乏勤奋和努力，孩子们很难取得成功。只有不断地努力和追求，才能获得真正的成就感和自豪感。

因此，父母应该帮助孩子克服懒惰的习惯，让他们知道勤奋和努力的重要性。可以从一些小事情开始，比如让孩子帮忙做家务，鼓励他们多读书，少看电视和玩游戏等。同时，父母也应该给孩子树立榜样，让孩子看到自己的努力和付出，激发孩子的学习兴趣和动力。

给父母们一些建议：

父母事事操心，这种教育方式不仅会让孩子失去自主性和自信心，还可能导致孩子产生依赖心理。因此，父母在教育孩子时应该适度放手，让孩子有足够的空间去探索、尝试和成长。

父母应该学会信任孩子，相信他们有能力自己解决问题和承担责任。当孩子遇到问题时，父母可以给予适当的引导和支持，但不要代替孩子去解决问题。这样能够帮助孩子培养自主性和自信心，提高他们的能力和素质。

父母应该尊重孩子的选择和意愿，不要过度干涉孩子的生活和学习。孩子有自己的兴趣和爱好，父母应该鼓励他们去追求自己的梦想，而不是把孩子塑造成自己心目中的模样。

父母应该给孩子足够的时间和空间，让他们自由地发挥和创造。孩子需要有充分的时间去玩耍、阅读、绘画等，这样能够激发他们的创造力和想象力，培养他们的兴趣和爱好。父母应该尊重孩子的个性和特点，不要过度强调成绩，让孩子有足够的空间去发展自己的潜力。

父母事事操心、处处干涉孩子的生活和学习，并不是真正的爱。真正的爱是给孩子足够的自由和支持，让他们成为独立、自信和有担当的人。父母应该适度放手，让孩子自己去探索、尝试和成长，这样才有利于孩子的成长和发展。

让孩子自己做决定

"横看成岭侧成峰，远近高低各不同。"无论是谁提供的意见都只能作为参照，你要永远坚持自身的想法，千万不要被其他人的论断绊住了前进的脚步。如同墙头草一样两边倒，完全没有自身的立场和做人准则，这样必定是无法取得成功的。

一名中文系的学生，倾尽全力创作了一篇小说，期望能获得一位作家的评价。由于这位作家正饱受眼疾的困扰，学生便将作品读给老师听。念完最后一行字，老师急切地问："这就结束了吗？"似乎对故事的后续发展充满了期待。这让学生备受鼓舞，他立刻灵感如泉涌，决定继续将故事编下去。

在接下来的创作过程中，老师多次表现出对故事情节的兴趣，使学生越发兴奋。学生意识到自己的作品可能非常吸引人，才会引起老师的兴趣。

然而，就在学生的思绪被激发出来的时候，作家的手机不合时宜地响了起来。有人找这位作家有要紧的事，作家只好匆匆离开。学生感到很遗憾，他问作家："那我还没有读完的小说怎么办？"作家回答说："其实你的小说早应该结束了，在我第一次问你是否结束时，你就应该停下来。你为什么还要继续呢？你应该学会在适当的时候停止，你的犹豫不决让你的故事变得混乱，无法打动读者。"

学生对此感到非常后悔，他觉得自己的性格太容易受到外界的影响，无法控制自己的作品，可能无法成为一名作家。然而，过了一段时间，这个学生碰到了一位年轻的作家，他向对方讲述了自己的困扰。没想到，这位年轻的作家却惊叹道："你的反应如此迅速，思维敏捷，故事编得生动有趣，这些都是一个作家必备的天赋！如果你能正确地使用这些天赋，你的作品一定能大受欢迎。"

看了上面这个故事，我们一定深有感触。一个没有自身想法的人，或者自身虽然有想法，但是却总是根据他人的想法来改变自身想法，人家说什么就是什么，一味地去迎合别人的人，最终会慢慢地迷失自我。

明代文学家、思想家吕坤曾说："做事就一定要通过自己的思考来判断对错，而且要有正确的立场与论点。"所以他说做事情之前先害怕别人议论，做一半的时候因为有人提出反对的意见，就不敢再做下去，说明这个人没有一定的定力，也可以说是没主见。没有定力和主见的人，不是一个独立的人。

站在家庭教育的立场上，假如家里的孩子太过于看重别人的看法，尤其是太重视周遭人看自己的眼神，永远存活在他人的世界中，日子久了，孩子便慢慢变得依赖他人，从而失去自我，这样的孩子肯定不会有独立思考的能力。

怎样让孩子成为一个有独立思考能力的人？这需要父母平时在家里通过小事情慢慢培养。

（1）给孩子足够的自由和时间：让孩子有足够的时间和空间去探索、发现和思考，不要总是给他们安排各种活动和任务。让孩子自由地选择自己感兴趣的事情，发挥自己的想象力和创造力。

（2）鼓励孩子提问：孩子天生就对周围的事物充满好奇，父母可以鼓励孩子提出各种问题，帮助他们寻找答案。这不仅可以帮助孩子增加知识储备，还可以培养他们的好奇心和探究欲望。

（3）培养孩子的决策能力：让孩子参与一些小的家庭决策，比如晚餐吃什么、周末去哪里玩等。这样可以让孩子学会权衡利弊、分析问题，并作出自己的决策。

（4）鼓励孩子表达自己的想法：在孩子表达自己的想法时，父母不要总是打断或者批评他们，而是要耐心倾听，给予肯定和鼓励。这样可以让孩子更加自信,敢于表达自己的想法和观点。

(5)提供多元化的学习机会:让孩子接触不同的学科、文化和领域,帮助他们开阔眼界,拓展思维。可以带孩子去博物馆、图书馆、科技馆等地方,让他们了解更多的知识和技能。

父母要尊重孩子的个性和兴趣,不要过度干预或者控制他们的成长过程。只有在自由、轻松、开放的环境中,孩子才能真正发挥自己的潜力,成为一个有独立思考能力的人。

培养孩子的财商

当孩子开始认识金钱,并且学着积累属于个人的财富时,一个新的问题便会产生——如何树立正确的金钱观念。金钱是一个人生存的必备条件,但现今社会中的种种拜金现象使家长很不放心让孩子过早接触金钱。然而越是如此,越容易激发孩子的好奇心。

面对已经发生的事情,倒不如用积极的眼光看待。让孩子明白金钱的价值和如何正确使用,把孩子对待金钱的态度引导到健康的状态上来,这是父母必须做的工作,就如同一位教育家所说:"不能把孩子培养在无菌的环境下。"

金钱是现实生活的一部分,孩子需要学会如何面对金钱.

如何处理金钱问题。这就需要我们家长以积极的态度来引导孩子认识金钱，树立正确的金钱观念。

一所中学对所有的在校学生进行了一次"如果我有一百万"的问卷调查，学生的答案让人眼花缭乱，但还是有一部分学生选择在短时间内把这笔财富花完，没有一点理财的意识。

这种现象并不罕见，家庭和社会是培养孩子理财意识的重要因素。家长可以通过在日常生活中引导孩子理性消费，帮助他们理解金钱的价值和节约的重要性。同时，应该加强对青少年的金融知识普及和教育，让他们了解更多的金融知识和理财技巧。

父母可以给孩子提供财务知识和教育。这可以通过在日常生活中向孩子解释金钱的价值和如何管理金钱，或者通过参加专门的财商教育课程来实现。父母还可以为孩子设立一个储蓄账户，让他们学会规划自己的开支。此外，父母可以鼓励孩子参加一些有意义的兼职工作，让他们体验到赚钱的辛苦和快乐，并教育他们如何理智地支配自己的收入。

父母在培养孩子财商的同时，也应该注意自己的言行举止。孩子往往会模仿父母的行为和习惯，因此父母应该在日常生活中树立正确的金钱观念和财务习惯，如理性消费、节约开支、积极储蓄等。

培养孩子的财商是一个长期而持续的过程。父母应该在孩子成长的过程中不断关注他们的金钱观念和财务习惯，并给予适当的引导和教育。只有这样，孩子才能在未来的生活中更好地管理自己的财务，并实现自己的梦想和目标。

让孩子学会独立思考

在复杂的社会中，每个人都要有独立思考的能力，唯有具备了真正的思考能力，才能够在社会上有所作为、独立生存。做人千万不要从众，一定要懂得判断是非。在孩子成长过程中一定要锻炼他的独立思考能力。

一位教育学家曾经说过："学会独立思考是孩子最为重要的事情。"家长应培养孩子独立思考、自主学习的能力，让孩子能够正确地对待人生，避免受到污染与侵害，并增强孩子分析问题的能力，使孩子逐渐拥有独立的人格。

在日常生活中，父母把孩子的事情都安排得妥妥当当，孩子则没有需要自己去思考和解决的问题了。渐渐地，当孩子碰到困难的时候，自己也就不会思考、不愿意思考了，他们总是期待父母的帮助。长此以往，孩子的思考能力便会逐步下降，更别说什么解决问题的能力了。

我们现在处在一个信息发达的时代。不断更新、发展的知识和科技水平对每一个人的思考能力都提出了新的挑战。一般情况下，思考能力越强的孩子，求知欲越旺盛，学习能力和创造能力也更强。这些能力，让他们始终能站在社会潮流前头。

如何培养孩子的思考能力呢？孩子上了小学之后思维便有了一定的发展，抽象的空间想象能力也会有进一步的发展，这个时期应加强对孩子的基本训练，不断提高孩子的思考能力和思维水平。

（1）提供丰富的学习材料和资源。孩子需要接触到各种不同类型的知识和信息，才能拓展思维和想象力。我们可以给孩子提供各种图书、玩具、游戏、视频等资源，帮助他们了解世界、探索未知。

（2）鼓励孩子提出问题并进行思考。孩子天生就有着强烈的好奇心和求知欲，我们应该鼓励他们不断提出问题并进行思考，帮助他们寻找答案。我们可以回答孩子的问题，或者和他们一起探讨问题，让他们感受到思考的乐趣和价值。

（3）培养孩子的创造力和想象力。孩子天生就有着丰富的创造力和想象力，我们应该鼓励他们发挥自己的想象力和创造力，创造出自己的故事、画作、玩具等。我们可以给孩子提供各种艺术材料和工具，让他们自由地表达自己的想法和感受。

（4）培养孩子的逻辑思维能力。逻辑思维能力是思考能力的重要组成部分，我们可以通过各种练习，帮助孩子提高逻辑思维能力。比如，我们可以让孩子玩一些棋类游戏、逻辑游戏等，让他们学会思考、推理和判断。

（5）鼓励孩子参与团队合作和社会实践。团队合作和社会实践是培养孩子思考能力的另一种重要方式。我们可以让孩子参加一些小组活动、社交活动等，让他们学会倾听、沟通和合作。同时，我们也可以让孩子参与一些社会实践活动，让他们了解社会、体验生活，培养他们的社会责任感和实践能力。

孩子的思考能力是一个长期的发展过程，需要我们持续的关注和培养。只有通过不断地学习和实践，才能帮助孩子不断提高思考能力和思维水平，成为独立、自信和有创造力的人。

另外，现在大多数家庭中，孩子是家里的核心，这会让孩子形成做事情以自我为中心的心理。在与他人交往过程中，孩子往往只强调自己的感受，而忽略其他人的想法和做法。因为听不进别人的意见，那些建设性的意见和建议就容易被忽略掉。所以，必须让孩子学会倾听不同意见，这样才有利于他的成长。

在哪里跌倒就在哪里爬起来

刚刚会走路的孩子，总是会摔倒。对于这样的孩子，不同的家长会采取不同的方法：

有些家长的做法是"扶起来"。当孩子不小心摔倒以后，家长马上把孩子扶起来拍拍孩子身上的灰尘。甚至有的父母直接抱起孩子不让他自己走路了。这种教育方法的直接结果是孩子变得软弱，缺乏独立性，过分依赖父母。

有些家长的做法是鼓励孩子自己"站起来"。这些家长带着小朋友玩耍的时候，孩子摔倒了，他们不会去扶小朋友，而是让他们自己从跌倒的地方爬起来。这种教育方式能培养孩子独立自主的能力，让孩子知道摔倒了是因为自己的失误，以后要注意看路不要摔倒。

其实，刚学会走路的孩子，摔倒是很寻常的事，摔倒了应该自己爬起来接着玩耍。但是父母的溺爱往往会让很小的事变得十分严重，最后导致有的孩子不愿意自己爬起来，而是躺在地上等待安慰。父母一定要克服过于惊慌、担心的心理，孩子摔跤后要鼓励孩子自己爬起来。假设一个孩子从小就没有改变自我的态度，将来也不可能成为一个优秀的人。

人生漫漫，与孩子学习走路一样，总会在不留意时摔倒。就人的一生来说，一时的挫折并不可怕，可怕的是缺乏跌倒后再爬起来的精神，一味等待别人帮助，不如意就自我放弃，只会从此一蹶不振。一位教育学家曾经说过："人学会了走上坡路，也要学会走下坡路，唯有经历过挫折的人，才能获得完整的人生。"

如果家长把他们当成温室中的花朵，倍加呵护，结果是虽然娇艳，却无比脆弱，长大成人以后，怎么能经受狂风暴雨的洗礼，又怎么能凭自己的力量去渡过一个又一个难关呢？所以，父母一定要把培养孩子坚强的品质作为首要任务，时刻教导孩子要凭借自己的力量爬起来。

父母在教育孩子时，不仅要关注孩子的学习和成长，更要注重培养孩子坚强的品质。温室中的花朵虽然娇艳，却无比脆弱，不能承受生活中的挫折和困难。因此，父母应该让孩子经历一些挑战和困难，让他们学会自己解决问题，培养他们的独立思考能力和解决问题的能力。

当孩子遇到挫折和失败时，父母不应该立即帮助他们解决问题，而应该让他们尝试自己解决问题。只有这样，孩子才能逐渐学会如何应对挫折和困难，从而变得更加坚强和自信。当然，在孩子尝试解决问题的过程中，父母也可以给予适当的鼓励和支持，让孩子感受到家庭的温暖和爱。

父母还应该教育孩子拥有良好的心态和正确的学习态度。要让孩子明白，成功并不是一帆风顺的，需要经历挫折和失败才能取得。同时，也要让孩子明白，失败并不可怕，重要的是能够从失败中吸取教训，不断进步。这样的教育可以帮助孩子培养出积极向上的心态，更好地面对生活中的各种挑战和困难。

教育孩子自我约束，做到自律

刘华是学校里有名的"淘气包"，上课捣乱、不写作业简直是司空见惯的事。无论老师和父母怎么说教，刘华始终改不了任性和情绪化的毛病。

在家里，刘华是爷爷奶奶的心肝宝贝，他们不让刘华受一点委屈。在爷爷奶奶的心目中，孙女做什么事都是正确的，提出的任何要求都是合理的。有时，刘华犯了错，父母会批评她，可爷爷奶奶却护着她，总说"小孩子知道什么，长大了就懂事了"。有了爷爷奶奶的庇护，刘华越来越爱乱发脾气了。

在家里，父母不会计较孩子的蛮横无理，但在学校里，孩子们都是平等的，刘华再这样乱发脾气就不行了。刘华经常和学校的同学发生矛盾，原因就是她做什么事都随心所欲，喜欢干什么就干什么。有的时候，别的孩子正玩着自己的玩具，她看到了，觉得喜欢，就马上过去抢，人家不给，两人之间就会发生冲突。刘华不能与同伴和睦相处，被同伴孤立了，她很生气也很伤心。

自制力是一种善于控制自己情绪、支配自己行为的能力。这种能力是可以培养的。

上面的故事中，刘华需要拥有自制力，以便更好地控制自己的情绪和行为。为了帮助刘华养成良好的习惯，父母制定了一些切实可行的方法。

当刘华犯错时，父母坚定地进行纠正，而不是一味纵容。此外，父母还教会刘华分享和尊重别人的感受，她能更好地与同伴相处了。

培养孩子的自制力非常重要，因为这将有助于他们培养健康的习惯和生活方式，更好地控制自己的情绪和行为。以下是一些可以帮助孩子培养自制力的方法：

（1）建立清晰的规则。要让孩子知道，如果不遵守规则会有什么后果，从而更好地控制自己的行为。

（2）给予孩子适当的自由。孩子需要自己去探索、尝试，这将有助于他们发展自己的判断力和决策能力，从而更好地控制自己的行为。

（3）帮助孩子学会自我控制。可以通过一些小游戏和其他练习来帮助孩子学会自我控制，例如，控制自己的情绪、延迟满足等。

（4）给予孩子适当的奖励和惩罚。当孩子表现出良好的自制力时，可以给予适当的奖励，例如，表扬、额外的自由时间等。而当孩子没有遵守规则或做出不良行为时，可以给予适当的惩罚，例如，限制某些活动、额外的工作等。

（5）以身作则。作为父母，我们可以通过自己的行为来树立榜样，例如，控制自己的情绪、遵守规则和承诺等。孩子会从我们的行为中学习如何控制自己的行为和情绪。

培养孩子的自制力需要耐心和恒心，需要我们给予孩子适当的支持和指导。通过这些方法，我们可以帮助孩子成为更有自制力、更自信和更成功的人。

小凯是一个活泼好动的孩子，总是喜欢玩游戏和看电视，缺乏自律能力。他的父母很担心他的学习和生活习惯，因此开始思考如何让小凯变得更加自律。

首先，小凯的父母决定给他制订一些规则和计划。他们和小凯一起制订了一份日常计划表，包括起床时间、作业时间、玩耍时间、阅读时间和睡觉时间。小凯的父母还规定了小凯每天必须完成的任务，如完成作业、锻炼身体等。

其次，小凯的父母开始给予他奖励和惩罚。如果小凯能够按照计划完成任务，他将会得到一些小奖励，如玩具或游戏时间。但是如果他没有完成任务，他将会受到惩罚，如禁止玩游戏或看电视。

最后，小凯的父母还给予了他一些自由和选择权。他们和小凯一起讨论了他感兴趣的事情，并让他自己决定如何利用自己的时间。这种方式让小凯感到被尊重，他也更加愿意遵守规则和计划。

随着时间的推移，小凯逐渐变得更加自律。他学会了自己管理时间，变得更加有责任感。小凯的父母感到非常骄傲和满意，因为他们知道他们的小凯已经变得更加自律和成熟。

　　家长可以通过制订规则和计划、给予奖励和惩罚，以及给予自由和选择权来帮助孩子变得更加自律。这种方式可以帮助孩子培养良好的习惯，树立正确的价值观，让他们成为更加自律和负责任的人。

五月
May

不较劲，不吼叫：
　　帮孩子平稳度过青春期

正确看待那些青春期叛逆的孩子

孩子"叛逆"表现为不听话，经常不按照父母的意愿做事情。

孩子进入青春期以后，身体发生变化，由于对自己的身体变化并不是很了解，因而容易烦躁。这时，他们的心态是"半独立、半依赖"的，有了自我意识，可是又无法成熟地面对自己的内心，这种矛盾让他们感到措手不及。若是遇到不开心的人或者事情，他们难免会变得急躁。

除此之外，青春期往往是在孩子的初高中阶段，这个阶段的孩子，承担着很繁重的学习压力或者说是从小就累积的压力，最终在难以承受的时候爆发了。

不仅如此，现如今的社会环境很复杂，社会观念也发生了重大变化，再加上孩子的心智不成熟，若是我们的教育方式不恰当，他们便会不由自主地反对我们，成为一个"叛逆者"。

那么我们该如何对待青春期的孩子呢？以下几点建议可

供参考：

我们需要知道青春期是一个孩子生命中非常重要的阶段，这个阶段孩子正在经历生理、心理、社会等多方面的变化，因此需要我们的耐心和理解。

我们应该尊重孩子的独立性和个性。青春期是孩子探索自我、建立自我认同的阶段，他们需要我们的支持和鼓励，而不是过度干涉和控制。我们应该尊重孩子的选择和决定，让他们有足够的空间去尝试和探索。

我们需要与孩子建立良好的沟通和信任关系。在这个阶段，孩子可能会有一些难以启齿的问题或者困惑，我们需要与他们建立起一个开放、坦诚、互信的沟通环境，让他们能够自由地表达自己的想法和感受。

我们应该为孩子提供正确的信息和知识。青春期是孩子生理成熟和性成熟的阶段，我们需要为他们提供正确的性教育和健康知识，让他们能够更好地保护自己的身体和健康。

我们需要给孩子树立正确的人生观和价值观。在这个阶段，孩子需要我们的引导和启发，让他们能够理解什么是正确的、什么是错误的，什么是值得追求的、什么是不值得追求的。我们应该以身作则，成为孩子的榜样。

我们应该鼓励孩子积极参与各种有益的活动。这些活动可以包括体育、艺术、社交等，这些活动可以帮助孩子建立自信、发展技能、结交朋友，从而更好地适应社会。

在许多家庭中，当孩子进入青春期时，父母常常会面临孩子的叛逆行为。这些行为可能包括挑战父母的规定、对家庭活动缺乏兴趣、与父母产生矛盾等。父母对这些行为可能会感到沮丧和无助，但是正确看待这些叛逆行为是很重要的。

青春期的孩子正在经历生理和心理上的变化，这会影响他们的行为和情绪。在这个阶段，孩子正在寻找自己的身份和角色，他们可能会尝试不同的行为和风格，以便找到自己独特的身份。这是一种自然的发展过程，父母应该尊重并支持孩子的探索。

叛逆行为并不一定是一件坏事，它可以是孩子独立思考和表达自己的方式。如果父母能够理解孩子的想法和感受，并与他们建立良好的沟通，那么叛逆行为也可以成为一个机会，让父母和孩子之间的关系更加亲密。

不要揪住孩子以前的错不放

大多数家长在批评孩子时，往往会提及孩子过去的错误。这种做法可能会对孩子产生反效果。例如，有些家长可能会说："上次你撒谎，我还没来得及教训你，现在你又对我撒谎了……""你这次和上次一样都没考好，你到底能不能考好？"家长不停地翻旧账，不停地念叨孩子的过错。

有一天，丫丫在自己的卧室做作业，妈妈在客厅看电视。

妈妈突然想起丫丫应该吃点水果，于是端着一盘削好的苹果，轻手轻脚地走进了丫丫的房间。然而，眼前的景象让她瞬间脸色大变：丫丫手里拿的竟然是一本漫画书。妈妈的情绪失控，将果盘摔在了书桌上。受到惊吓的丫丫马上把漫画书藏了起来。

妈妈冷冷地质问丫丫："我已经看见了，藏还有什么用？"丫丫低下头，等待着妈妈的批评。妈妈严肃地质问她："成天看漫画，是不是不打算学习了？"

丫丫试图辩解，但妈妈并不相信她的保证。妈妈认为，丫丫的保证不可信，因为上次她保证进入前十名，但最终并未做到。妈妈决定要丫丫把所有的漫画、小说都交出来，统统烧掉。

丫丫沉默了。妈妈打开丫丫的书桌抽屉，搜查里面的漫画、小说，很气愤地说："这么大的孩子没有一点自觉性。那天我买个菜的工夫，回来一看你在上网玩游戏。你怎么就这么不用功呢？"丫丫站在一边，哭成了泪人。

家长在数落孩子的错误时总是会将以前的也提起来，总觉得这样能让孩子记住自己所犯的错，以后就不会再犯。丫丫的妈妈也一样。事实证明，这样做并不可取。这种做法会让孩子不清楚父母为什么批评他们，更不明白究竟父母让他们改什么。同时，孩子听到父母将自己数落得一文不值，觉得自己做什么都不对，各种消极情绪一下子全部涌上来，对自己做任何事都没有信心了。

孩子犯了错误，会担心遭到父母的打骂，屡次犯错的孩子，尤其担心家长翻旧账。然而为数不少的家长就是抓住旧账不放，常常对孩子之前所犯的错误耿耿于怀。他们不知道，这样做会使孩子感觉在家长面前永远无法抬起头来。家长要将以前的事情翻过去，一定不要旧事重提。

对于孩子来说，犯错是成长过程中不可避免的一部分。而作为父母，我们需要以理解和宽容的心态去面对孩子的错误，而不是通过打骂或者翻旧账的方式来教育孩子。

首先，打骂孩子并不能真正解决问题，反而可能让孩子产生逆反心理，影响亲子关系。其次，总是翻旧账会让孩子觉得自己无法得到家长的原谅，产生沉重的心理负担，甚至可能导致孩子自卑。因此，家长在教育孩子时，应该将重点放在引导孩子认识错误、承担责任和学会补救上，而不是纠缠于过去的错误。

另外，家长也需要学会适时地"放下"。每个人都有过去，我们不能因为孩子曾经犯过错误就一直耿耿于怀。相反，我们应该给孩子一个重新开始的机会，让他们知道，只要愿意改正，就总有机会重新获得我们的信任和认可。

当孩子做错事家长需要进行批评教育时，要谨记只可以谈孩子当下所犯的错误，千万不要联想到其他方面。如果从孩子不听话说到孩子的说谎问题，再牵扯到孩子不心疼父母……家长在回顾这些错误时容易忘记批评的目的，把批评的本意抛之脑后。父母只有就事论事，孩子才有信心去改正。

给青春期孩子一个属于他们自己的空间

青春期的孩子比任何一个阶段的孩子都更加渴望自由。由于身心的发展，他们特别希望自己是个成年人，能够赶紧脱离父母的约束，希望可以自己决定自己的生活状态，甚至是希望自己可以赚钱，实现经济独立。

青春期是孩子从幼稚慢慢走向成熟的一个过渡阶段，一个成熟孩子的重要标志就是独立，因此，孩子希望得到一个自由的空间是很正确的，也是非常应该的。

所谓自由的空间到底是什么样子的呢？是帮他整理出一个属于他的房间，还是他的事情全部由他自己决定，我们一点都不参与？事实上，孩子有属于自己的房间很关键，可是他更需要的是心灵上的自由，期望被尊重，被理解，得到父母的认可。如果这种希望最后没有得到满足，他们就会和父母对着干，和父母吵架，发脾气，更甚者还会离家出走。

因此，我们需要给青春期孩子一个自由的空间，让他在这种空间里慢慢地了解自己、发现自己、改变自己。

1. 充分尊重孩子的隐私

妈妈打扫儿子高旗房间的时候，无意中发现他枕头底下有一本日记。趁着儿子不在的时候，妈妈阅读了儿子的日记，里面有一小篇是关于测验失败的日记，引起了妈妈的高度关注。晚上吃饭的时候，妈妈忍不住好奇就问了这件事，高旗一想肯定是妈妈偷看了自己的日记。为此，母子俩大吵了一架，高旗夺门而出，妈妈说："你以后不要再回来了！"

父母一定要尊重孩子的隐私，不要打着关心的旗号窥探孩子的隐私。孩子所谓的小秘密可能只是一件无关痛痒的事情，但那也是他的隐私，是他成长的痕迹，是属于他自己的心灵财富，是不容许别人发现的。对于孩子的关注应该完全通过和孩子交流的方式获得，真真正正了解孩子内心的父母，是不会偷看孩子的日记的。平时良好的沟通可以给孩子自由成长的空间，这样孩子也觉得没有什么需要隐瞒的。因此，良好的沟通要以不吼叫作为前提，做到了这些，孩子自然而然地就会更加信任父母。

2. 不要将自己的想法强加给孩子

刘女士每次和孩子交流的时候都强迫孩子听她的话。若是孩子听她的话，她就觉得很舒心；若是孩子不听她的话，她就会很生气地教训孩子一番，从而使孩子总是在听从和不听从之间犹豫，心里很委屈。假如父母总是将自己的想法强加在孩子的身上，孩子内心会感到压抑，从而对父母产生不满，表现出强烈的逆反心理。

青春期的孩子已经不是小孩子了，他们有自己的思想，希望有自己的选择权，很反感被要求、被父母限制。因此，在和孩子说话的时候要以建议的口吻，而不是命令的语气，只有这样，孩子才会有被尊重的感觉，才不会千方百计地想要摆脱父母的控制。

3. 给孩子的自由要有度

我们主张给孩子自由的空间，并不代表我们可以不管他，实际上，孩子总是渴望自由，可是一旦真的让他独当一面的时候，他也会表现出胆怯，这和孩子心智还没有发育成熟有着不可分割的联系。因此，这个时期的孩子更需要获得有效的建议。

在一些不十分重要的事情上，我们应该让孩子自己作出决定，像吃什么，穿什么，周末去哪里游玩。在重大原则性的事情上，我们要帮助孩子把关，并且要尽量提出有意义、有建树的想法，帮助孩子摆脱困境。久而久之，孩子就会因为精神上得到自由而变得越来越自信，并逐渐成长为独立自主的人。

给孩子一个健康的上网环境

有些孩子沉迷在网络世界里，不愿回归现实，往往是因为现实中的很多事情让孩子无法理解，不愿面对，比如父母离异、成绩太差、人际关系不好等，孩子们最后找到了一处能宣泄自己烦恼的地方——网络世界，但这个逃避的方法是最失败的。有这么一个真实的故事：

11 岁的小勇，上小学五年级，性格内向，可是在父母眼里，他是个不听话的孩子——一心就想着玩手机上网。小勇说自己最喜欢打游戏，比如魔兽、CS 或劲舞团。除了喜欢打游戏以外，他还爱聊微信、发朋友圈、刷抖音。每次父母督促他学习时，他只是拿出字帖随便写几个字而已。小勇父亲说他们努力工作，只希望能让小勇过上好日子。但是现在真不知该怎么办才好……

茫然的小勇在虚拟世界里找到乐趣并深陷其中。若我们的孩子有这种情况，应该如何教育呢？

父母齐动员，帮孩子创建一个健康的上网环境。以下方法可供参考：

1. 创建友爱和谐的家庭氛围

父母之间要保持良好的关系，尽量不要吵架，最好不要在孩子面前吵架。幸福和谐的家庭氛围是最好的教育法宝。当孩子在学校受到挫折时，父母要引导他说出自己的困惑和想法，大家来帮助解决，使他从虚幻的世界里回到现实生活中。一家人经常坐在一起，以讨论的形式来解决孩子遇到的问题，比方说受到同学欺负、与同学闹矛盾、不讨老师喜欢、学习跟不上等事情，以这种方式来改变他错误的认知。周末最好带孩子出去游玩，放松心情，让父母的爱和家的温暖代替网络里的虚拟世界，让孩子自己逐步减少上网时间，跟父母在一起感受家的温暖。

2. 引导孩子多结交优秀的朋友

要想帮助孩子走出网络的虚拟世界，只有父母的努力是不行的。要观察孩子身边的朋友，想办法让孩子远离那些有不良习惯的孩子，多结交一些优秀的朋友，从而使他形成正确的价值观，只把上网当作学习的一部分，养成健康良好的习惯。

3. 培养孩子的自制力

父母要在日常生活中注重培养孩子的自制力，提醒他遇到问题时要冷静，让他明白遇到问题时逃避是最坏的选择！可以建议孩子找一些健康的事情来替代它，例如跑步，欣赏一段音乐，看书，把自己的喜怒哀乐表现出来，只把网络当成一种使用工具，这才是解决问题最好的方式。

父母要让孩子知道沉迷于网络的危害，比如网络上会有一些不健康的东西，很容易对孩子产生影响。若父母毫无防备，无法察觉到孩子浏览的内容，就容易导致孩子出现危险行为。

对比较小的孩子，父母要运用一些适当的方法，让他能够清楚地意识到网络的危险性。妈妈可以给他讲《机灵猫互联网历险记》这个故事：由于机灵猫专注于网络游戏世界，错过了很多次逛北京故宫、天安门的机会，最终连他最想看的奥运会开幕式都错过了。

讲完故事，父母可以用讨论的方式和孩子交流上网的利弊，让孩子明白网上的世界很虚幻，并不全都是真的，一些看似美好的东西其实充满着陷阱。父母要教孩子学会在网络的好处与坏处之中寻找一个平衡点。

别让孩子陷入追星的"旋涡"

得知某位明星要来开演唱会，那些追星的孩子兴奋不已：

"哇，我的偶像来了！"

"不吃不喝也要攒钱买演唱会的票啊！"

从 20 世纪 80 年代开始，追星这一现象渐渐在部分青少年中蔓延，那时已经产生了"追星族"这一词，就说明了这个现象对人们的影响正在慢慢扩大。

随着改革开放的逐渐深入，"追星"热情高涨，引发了很多不良的后果。媒体上常常出现这样的报道，因迷恋明星导致有些孩子变得痴狂，学业荒废，不仅花了好多钱，还出现了心理问题，有的甚至失去生命……

对于这一现象要引起足够的重视并进行正确引导。当然，对这一现象要有科学的解释，这才是进行正确引导的前提和方式。

"追星"是一种社会现象，在部分年轻人中极为流行，是一种时尚，这一现象的出现和发展与社会基础、文化氛围等有很大的关系。孩子们普遍缺乏自制能力和分辨能力，所以容易出现对明星的盲目崇拜现象。

崇拜本身没有错，但盲目崇拜却不对，因为不管盲目崇拜的是什么，都容易迷失方向。因此，我们必须正确引导，及时纠正这一问题。有些父母会问："那我们要怎么做才好呢？"下面给父母提一些建议。

1. 理解孩子，并为他选对崇拜对象

对于崇拜对象的选择，父母其实能帮助孩子很多，要抱着学习的态度理性对待偶像，进而利用孩子对名人的崇拜心理进行教育，这样效果会更好。孩子所崇拜的偶像要具有优秀的品质和精神思想，这直接影响着孩子对待生活、事业和未来的态度，以及在面对失败、挫折或者成功时应该怎么做。

父母若是可以站在孩子的角度去思考问题，将心比心，让孩子信任父母，孩子就会跟父母说自己的心里话。如此一来，父母就可以掌握孩子的动向，帮助他排忧解难，对正确的行为给予支持，错误的行为及时纠正，把他的发展方向引向好的方面。

最重要的是，父母不要把孩子当成另一个自己，要尊重孩子的想法，才能实现良好的沟通。

2. 疯狂一点，与孩子一起去追星

大多数孩子都喜欢各种娱乐活动，追星只是他们的天真想法。父母如果害怕孩子因追星而误入歧途，那么可以和孩子一起追星，了解孩子的偶像，才能和孩子有共同语言。与孩子进行良好的沟通和交流，这样对孩子的教育有重大意义。

有这样一位妈妈就相当高明，她的做法值得我们借鉴：

儿子一直很喜欢某位明星，只要听到他唱，便跟着哼哼，甚是开心。他的妈妈坐到他的身边说道："儿子喜欢的明星妈妈也很喜欢呀。"妈妈总是说这位明星很好，所以儿子每次都非常兴奋。这样，儿子和妈妈就无话不谈了。他们从这个明星说到那个明星，进而说起了每个明星的优点缺点，应该向哪个明星学习，不应该盲目效仿谁……

父母们不妨学学这位母亲的高明之处。假如我们粗暴地制止孩子，只会和孩子对立起来，不但无法让孩子回头，反而会导致不良后果。

父母还可以利用某个影星的成长经历给孩子讲述一下明星做人做事的成功之处。通过引导，孩子便不会很肤浅地追星了，而是真真正正从他们身上学到东西。

青春期，理解万岁，欣赏万岁

近日，网络漫画小说让驰俊着迷，他十分迷恋书中那些英雄。因为这个，父母每一次劝说都是苦口婆心的，可是父母说一句，他会顶好几句。他甚至在课堂上偷看小说，老师发现了好几次。

"我儿子小时候可乖了，又听话又懂事，他画画还得过奖！没想到他最后是这样的，现在他整天迷恋漫画小说，为了不让我们发现，他夜里关了灯用手电筒在被窝里看……"他的妈妈向别人哭诉。

很明显，现在的驰俊已经不是当初听话的孩子了。是的，叛逆与成长同在，叛逆期是孩子成长过程中不可避免的一个阶段。

孩子成长过程中会有两个叛逆期：第一个叛逆期在两三岁，第二个在青春期。孩子在青春期里进一步发展了自我意识，慢慢形成了自己的价值观。这种价值观有时候不同于父母的价值观，如果父母不理解他们，他们就只能在同龄人中寻求共鸣，因而疏远父母。这个时候，如果父母介入他们的生活，他们就会蛮横地反抗，要求独立。反抗有很多形式，轻则不和父母说话，或顶嘴，离家出走，严重的甚至会犯罪。其实，青春期的叛逆是孩子成长的标志。可是很遗憾，很多父母还是无法接受这一点，他们觉得"听话"是孩子最好的状态。当孩子开始反抗的时候，他们就非常焦急、恐惧。

当孩子处于叛逆时期时，不要对他发火，而要给他足够的自由。家长不妨装一下无知，不要总是告诉孩子怎么做，而是放手让他按照自己的想法去做；要欣赏孩子的变化，并试图夸奖孩子表现成熟的地方；要给孩子更多的"独立空间"，要学会闭嘴，不要过多干涉孩子的生活。

不过，父母有时候也需要温柔而坚定。青春期的孩子对事物的认识还不成熟，很容易犯错误，例如孩子整夜在网吧玩或者早恋等，这时候你对他的态度就需要温柔而坚定了。但是，对于青春期的孩子，父母还是应以理解为主。

很多父母都只是在生活上给予孩子关怀，可是却无法平等地对待孩子、关注孩子的心理健康。有一份调查显示：绝大部分儿童心理问题是由于家庭原因引起的，尤其是父母对孩子不正确的教育方式引起的。此外，不懂倾听孩子的心声也阻碍了孩子交际能力和语言能力的发展。当孩子把学习和生活上的问题向父母诉说的时候，父母稍不满意就会打断孩子，不给孩子说完的机会，孩子只能把话吞回去。或者，父母听孩子诉说的时候很机械，不能体会孩子在说这些情况时的情绪，这样一来，孩子就会觉得父母不够重视自己的想法，只能把秘密埋藏在心底，这样，父母就更难知道孩子内心的想法了。如果父母不尊重孩子的话语权，日子长了，孩子就会产生对抗父母的情绪，甚至最后彼此都不再信任了，那交流就更困难了。

积极倾听并不是指默默地在一边听。平等的姿态是积极倾听的核心，要鼓励说真心话。倾听者要暂时忘记自己和自己的各种观念，不管你是反对还是赞成，你首先要无条件地接受对方的思想，积极倾听，最关注的并不是话语，而是心理。不仅要倾听他们的想法，还要引导他们把不满、悲伤、愤懑、快乐、喜悦等情绪宣泄出来。

孩子诉说的时候，无论多忙，你都要放下手里的活，看着孩子的眼睛，不要插嘴，听他说，你要表现得对孩子的话题很感兴趣，耐心倾听。对待青春期的孩子更应该如此。

六月

June

唤醒内驱力：

全面开启学习的主动性

纠正孩子注意力不集中的毛病

据调查，孩子注意力不集中，是让许多父母头痛的问题。要纠正这个毛病，可从孩子的健康情况、个性及家庭环境入手。

研究显示，孩子分心的程度与年龄成反比：3 岁的儿童，其平均注意力集中的时间长度为 7 分钟；4 岁为 12 分钟；5 岁为 14 分钟。孩子年龄越大越会懂得将注意力放在重要的事情上，而日渐增加专注的时间。因此，判断孩子是否专心，应依据其年龄对应的注意力时长，而非依据家长的主观感觉。

孩子不专心，通常表现为两种情况：其一是注意力飘忽不定，专注的目标经常转移；其二是心不在焉，常沉浸于白日梦而忘记眼前的事情。后者其实不是注意力不集中，只是将注意目标放错了地方。

家长要用心纠正孩子注意力不集中的毛病，让他们将注意力集中到主要事情上去。注意力不集中的原因很多。在生理方面，孩子若身体不适，知觉发展不良，天生好动，以及神经系统或大脑微功能发生问题时，都会出现注意力不集中的现象，这些情况都必须由医生检查和治疗。在心理方面，安全感和自信心不足，过分依赖，缺乏耐心或受情绪困扰，都是注意力不集中的原因。这些情况大多是教育方式和成长环境所造成的。

除了解决生理上的问题外，家长应该认识到，专心其实是一种可以训练、学习和培养的行为习惯。因此在埋怨孩子不专心的同时，也要反省自己有无不对之处。例如，孩子玩游戏时全身心投入，正是注意力高度集中的时候，家长切不可任意打扰、干涉和打断。在平时家长可以将游戏时间与日常生活安排恰当，并指定一个固定的玩游戏的角落，以减少令孩子分心的外界事物；也不能要求孩子做他不感兴趣或超过能力所及的事，以免他们借着不断变换活动来逃避大人的责备。

此外，家中的气氛必须稳定，避免经常搬家或者是家中有太多的人出入。切忌同时买太多的玩具及图书给孩子，使他们左顾右盼，不知所措，而无法培养仔细、有耐心和专注于一件物品的习惯。

家长应该以身作则，给孩子做出专心、坚持和耐心的榜样。一旦发现孩子有专心的表现，就应加以鼓励和称赞。

对于年龄小的幼儿，可从说一则故事开始，之后不断地增加故事数量来加以训练；至于年龄较大的孩子，则鼓励他们做有兴趣和可胜任的工作，并且做完一件以后再开始做另外一件，使其投入的时间逐渐增加。除了要提醒他们不要分心外，家长也要表现出和善的态度。只要坚持采取这些方法，孩子注意力不集中的毛病是可以渐渐改掉的。

孩子学习注意力不集中，是最让家长伤脑筋的。要是孩子天生愚笨，根本就不是读书的料，家长们也许心里还比较坦然。可孩子明明挺聪明的，许多高难度的习题都能做出来，可就是不能集中心思在学习上。因此，大多数家长甚至感到很绝望，颇有些"恨铁不成钢"的意味。

我们经常听见一些家长这样抱怨孩子写作业时心不在焉的情形：

"我那孩子平时性子挺急的，可一到写作业的时候就拖沓得不行。他坐在那儿一动不动，好半天才写一个字。明明半小时或一小时能写完的作业，他经常要熬到深夜。他自己受累不说，我和他爸还得陪着他受罪……"

"我家孩子一写作业就犯糊涂，要是让她抄写 50 遍生字，再怎么纠正她都会出 40 遍错误。哪有这么粗心的女孩子？唉……"

"要说起来，我儿子学校留的家庭作业真不多，可他几乎没有一个晚上不写三四个小时的。他不是不会做，反正就是快不起来，好像一点也不着急。你要是不在他身边盯着，他肯定写到天亮都完不成……"

"她写几个字就开始抠橡皮擦、咬笔头，抓耳挠腮的，看着就让人生气！"

"老师经常说他在课堂上注意力不集中，开小差……"

那么怎样才能纠正孩子学习时注意力分散的坏习惯呢?

1. 家长陪孩子读书不可提倡

事实上，正如一位权威人士所说："有的孩子学习拖拉是因为没有养成良好的学习习惯，更多的则是由于妈妈过分关注他们做作业，甚至包办代笔。"大多数儿童教育专家都不赞成家长陪孩子读书，因为家长总会情不自禁地敦促孩子不要这样做，而要那样做。这些时断时续的语言刺激，更易于分散孩子的注意力。同时，也会让孩子对家长产生强烈的依赖性。

2. 及时发现孩子注意力不集中的症候

有的孩子注意力不集中是因为患有"多动症"，这需要去看心理医生。注意力不集中有如下症候：经常无缘无故就烦躁不安，好像对什么都不太感兴趣；对任何一件事都无法保持较长时间的专注；在课堂上，眼神游移，自己都不知道自己在想些什么。

3. 给孩子适当的奖励

比如，当孩子按时完成了作业，家长不仅要从言语上加以表扬，而且可以辅助一些别的奖励。同时，还可以为孩子设定一个假想的竞争对手，提醒他"谁每天晚上只需花一个小时就能完成作业，还有时间看动画片什么的"。

4. 适时解除孩子内心的忧虑

当心理压力比较重的时候，孩子的注意力往往无法集中。许多孩子害怕考试，尤其是害怕一些被家长们告诫为"决定一生命运"的考试。为此，孩子们经常心猿意马，甚至胡思乱想，背负着沉重的心理负担，自然就无法专心学习。因此，但凡优秀的家长，都是孩子称职的心理安慰师。

5. 培养孩子的责任感

家长应该让孩子明白，学习是孩子自己的事，用心学习，是对自己的将来负责。通过刻苦学习，掌握各种技能，是他们将来在社会上立足的资本。一个对自己都不负责的孩子，将来不可能关心、爱护他人，更不用说能做出一番大事业来。

专心学习才能事半功倍

比尔·盖茨从小就表现出惊人的专注力，加上家庭的引导和培养，使其长大后能长期痴迷于计算机。孩子的好奇心强，可能对许多事物都有兴趣，但往往很难专注于某事，浅尝辄止，结果一事无成。有的父母也存在浮躁心理，喜欢攀比，见别人的孩子学啥，也要让自己的孩子学，恨不得天下所有的知识都让孩子知晓，所有的技能、特长都让孩子掌握。这样做只会造成孩子看起来什么都会的假象，实际上却无一技之长。

我国著名的地质学家李四光曾闹过这样的笑话。据他的女儿回忆，有一天，时间已很晚了，李四光还没有回家。女儿来叫他回家吃饭，谁知他一边专心工作，一边亲切地说："小姑娘，这么晚了还不回家，你妈妈不着急吗？"等到女儿再次喊"爸爸，妈妈让你回家吃晚饭"时，他一抬头，不由得笑了，小姑娘不是别人，正是他自己的宝贝女儿。

我们也都听说过，我国的大数学家陈景润一边走路，一边想他的数学问题，不知不觉中和什么东西撞上了，他连声说对不起，却没听到对方应声，抬头一看，原来是棵大树。

为什么这些大科学家会发生这样的事呢？原因很简单，因为他们一心想着自己热爱的科学上的问题，对于这些问题之外的事情一点也没考虑，没有在意。这就是他们闹笑话的原因。

只有聚其精，会其神，孩子才能取得成功，而孩子能否集中精力则与父母的教育方式是分不开的。正所谓，成功孩子的背后总会站着伟大的父母。因此，要想提高孩子的学习成绩，培养和开发他们的智力，第一步就要培养和训练他们的注意力，养成专心致志的习惯。要不然，其他的训练只能是事倍功半，甚至徒劳无功。

1. 培养孩子集中注意力

这对任何一种劳动，尤其是脑力劳动具有很重要的意义。能集中注意力的孩子，不但能较快地完成作业，而且完成得比较好。那些马马虎虎、粗枝大叶的孩子主要是因为注意力不够集中，没能仔细地看准习题的要求和条件。而且，善于集中注意力的孩子学习起来比较省劲，效果比较好，也因此有更多的时间来休息和娱乐。

2. 给孩子一个安静整洁的学习环境

孩子的书桌上除了文具和书籍外，不应摆放其他物品，以免分散他的注意力；抽屉柜子最好上锁，免得他随时都可以打开，在没完成作业的情况下去清理抽屉；书桌前方除了张贴与学习有关的如地图、公式、拼音表格外，不应张贴其他容易吸引孩子注意力的东西。女孩的书桌上也不应放镜子，这会使她有时间顾影"自美"或"自怜"。更不能允许孩子一边看电视，一边做作业。

3. 要求孩子在规定的时间内完成作业

如果作业太多，可以分段完成。有的父母因为孩子的注意力不够集中而在旁边"站岗"，这不是长久且行之有效的办法，因为长期这样，会使孩子产生依赖心理。此外，孩子的注意力跟情绪有很大的关系，因此父母应该创造一个平和、安静、温馨的学习环境。声音嘈杂的环境，杂乱无章的屋子，不正常的家庭生活，所有这一切都会严重影响孩子的注意力。

4. 让孩子在一定时间内专心做好一件事

常听有些父母说："我的孩子做事效率低，做作业很慢，一边写一边玩。"父母要注意培养孩子在某一时间内做好一件事的能力。对于家庭作业父母要帮他们安排一下，做完一门功课可以休息一会儿，不要让孩子太疲劳。有些父母觉得孩子动作慢，不允许孩子休息，还唠叨个没完，使孩子产生抵触心理，效果反而不好。

5.对孩子讲话不要总是重复

有些父母对孩子不放心，一件事总要反复讲几遍，这样孩子就习惯于一件事反复听好几遍。当老师只讲一遍时，他似乎没听见或没听清，这样漫不经心地听课常使得孩子不能很好地理解老师讲的内容，无法按照老师的要求完成学习内容，自然也就谈不上能取得好的学习效果。父母对孩子交代事情只讲一遍，是培养孩子注意力的一种方法。

6.训练孩子善于"听"的能力

"听"是人们获得信息、丰富知识的重要来源。会听讲对学生来说是相当重要的，因为老师多半是以讲解的形式向学生传授知识。父母可以通过听来训练孩子的注意力，比如可以让孩子听音乐、听小说，鼓励孩子用自己的话来描述听到的内容，从而培养专心听讲的好习惯。

激发孩子的求知欲

兴趣是孩子学习知识的最大动力，一个孩子如果对某一门功课感兴趣，毫无疑问，他一定会学得主动、学得轻松、学得愉快。而要使孩子对某一门课产生兴趣，家长则应充分调动孩子的积极性，培养孩子的求知欲，使孩子从"要我学"的状态转变为"我要学"。有时，在辅导孩子学习时，合理地设计一个小小的游戏，在"玩"中就能激发起孩子强烈的求知欲望。

例如，孩子在学习数学中"轴对称图形"这一内容时，因这一内容概念较抽象，同时受孩子自身空间思维水平的限制，孩子学起来可能有一定的困难，因此家长可以设计这样一个游戏：3分钟内完成一幅剪纸作品，作品表现的内容必须是我们身边常见的物品，比如一片树叶、一只蝴蝶等。然后家长可以拿出自己的作品：第一幅是一只蜻蜓，不过这只蜻蜓比较奇怪，翅膀一边大，一边瘦小；第二幅是一条裤子，但一条裤腿长，一条裤腿短；第三幅则是一片树叶，但一边特别肥大，一边特别瘦小。这三幅作品展示在孩子面前肯定会使孩子开怀大笑。笑的原因是不言而喻的。这时家长可以乘胜追击，连续提出问题，进一步引发孩子思考：现实生活中这三样物品应该是什么样的？你的作品是否有这个特点？用剪纸来表现这些物品时我们可以采用什么巧妙的方法，剪得又快又好？孩子的求知欲得到了极大调动，家庭气氛非常活跃，孩子的学习效果自然不错。更为重要的是，孩子学得主动、学得轻松、学得愉快，同时还明白了一个道理，生活中处处有数学，"玩"中也能学数学。

　　学习任何一门功课，都要看孩子是否有求知欲望，这种欲望是否强烈，是学习这门功课的原动力，也是能否学好的基础。切忌在孩子毫无思想准备的情况下，妈妈武断地下达学习任务，这会使孩子在没有接触这项学习任务之前，就有一种本能的抵制与反抗情绪。这样做的后果，必然是事与愿违的，很难取得良好的效果。

　　日本教育家铃木主张，如果妈妈希望孩子将来能拉一手漂亮的小提琴，应当在孩子很小时，就有意识地让他反复听经典的交响乐、各种唱片，经常带他去看别人拉小提琴，让孩子渐渐地对音乐产生兴趣，使他产生也想试试小提琴的意愿。这时给他小提琴，并提供必要的指导与帮助，加上孩子刻苦的练习，必能取得很大的进步。

　　先培养孩子某方面的兴趣，再让他接触学习，的确是很好的方法。所以在每年的暑假期间，家长都应该了解一下，下学期孩子将要开哪些新课，如要开地理课，有空就带孩子一起看看地图，让他找北京在哪里、上海在哪里，让他事先有所接触，引起好奇，培养兴趣。又比如，下学期要开物理、化学课了，你可以事先找机会在轻松自然的环境下，有意识地给孩子提一些相关问题一起讨论，以引起孩子的兴趣。这时，孩子往往会针对日常遇到的现象，提出许多"为什么"。你可以告诉他："妈妈也不见得都知道答案。"这样，在尚未开课前，孩子心目中就有了向往与渴求，开学后，对这门课就会兴致勃勃地听讲、提问、找答案。这样又会进一步提高孩子学习的积极性。一旦对学习真正产生了兴趣，他不仅会主动去学，而且会越学越想学，越学越容易学，这就进入了良性循环之中，家长也就不用天天为孩子不做作业发愁了。

反之，如果家长引导无方，一旦造成孩子对某门功课产生畏惧心理或厌烦情绪，大脑就会产生一种排斥倾向，便很难学好了。某研究机构，为了提高孩子数学水平，经过专门研究后提出了一项计划。该计划决定，在幼儿园和小学一年级中开设"熊猫咖啡厅"，让孩子轮流担任顾客和职员，向班里同学卖入场券。这样让他们在游戏般的实践中，接触不同的运算、计算价格以及正确地找零钱等。还让学生按食谱学习烹调，这也需要计量，甚至要算比例，同时对形状、大小、颜色、轻重等产生感性认识。用这样的方式使孩子们在学会计算方法的同时，也对数学产生了浓厚的兴趣。实验结果显示，孩子们对学习数学的兴趣显著提高，数学成绩也普遍有所提高。

让孩子发现学习的乐趣

英国著名科学家焦耳从小就非常喜欢物理学，常常自己动手做一些关于热、电之类的实验。

有一年放暑假，焦耳和哥哥一起去郊外旅游。聪明好学的焦耳即使在玩耍的时候，也不忘记做他的物理实验。

他先找来一匹瘸腿的马，让哥哥牵着，自己悄悄地躲在后面，用伏达电池把电流通到马身上，他想试一试动物受到电流刺激会有什么反应。结果，焦耳想看到的反应立刻出现了，马受到电击后狂跳起来，差一点用蹄子踢伤哥哥。

虽然实验中出现了一些危险，但是这丝毫没有影响到爱做实验的焦耳的情绪。他和哥哥又划着船来到了一个群山环绕的湖上，焦耳想在这里试一试回声到底有多大。于是，他们在火枪里塞满了火药，然后扣动扳机。谁知"砰"的一声，从枪口里喷出了一条长长的火苗，顿时烧光了焦耳的眉毛，还险些把他的哥哥吓得掉进湖里。

这时，天空乌云密布，电闪雷鸣。正想上岸避雨的焦耳发现，在每次闪电过后好一会儿才能听见轰隆的雷声，这究竟是怎么回事呢？

焦耳顾不上躲雨，拉着哥哥爬上一个山头，他用怀表认真地记录下每次闪电与雷鸣之间相隔的时间。

开学后，焦耳几乎是迫不及待地把自己做的实验全都告诉了老师，并且向老师请教了许多问题。

老师看着勤学好问的焦耳温柔地笑了，并耐心地给他讲解："其实，光和声的传播速度是不一样的，光速快而声速慢，所以人们总是先看见闪电然后再听到雷声，而实际上闪电和雷鸣是同时发生的。"

焦耳听了老师的讲解后恍然大悟。从此，他对学习科学知识更加入迷。通过不断学习和认真观察计算，焦耳终于发现了热功当量与能量守恒定律，成了一名出色的科学家。

孩子的学习乐趣，往往会影响他对各种事物的态度，特别是对学习的态度，进而影响着孩子对学习方向的选择和日后的长远发展。孩子一旦体会到了学习的乐趣，这种乐趣就会推动他主动、自觉地去学习。一般来讲，孩子对某一学科产生的兴趣大小和这一学科的成绩好坏成正比。往往孩子学习的乐趣越大，他越会努力地去学习，成绩也就会越好，孩子的信心也就会越强，这是一个良性循环的过程。

学习的乐趣是孩子独立学习的内在动力，但是这种乐趣需要家长尽早并且有效地培养和激发，二者相配合，才能让孩子感到学习的快乐。

那么，家长该怎样培养孩子的学习兴趣呢？

1. 经常和孩子分享学习的快乐

父母在着迷于一门艺术、一场比赛、一项科技成果乃至是一盘拿手菜时，都不要忘记与孩子一起分享你的喜悦。如果你因刚刚读了一篇好文章而感到非常兴奋，这时也应该把自己的感受告诉孩子，让孩子知道到底是什么让大人们如此高兴。虽然孩子的年纪还小，还不能充分地领悟到其中的奥妙，但是这样做也足以让他感受到大人的学习热情。同时这样做还能向孩子传达一种信息：大人们也喜欢学习，学习是一件很快乐的事。

2. 给孩子提供一个浓郁的学习氛围

有些家长害怕影响孩子的学习，几乎把所有的课外书都束之高阁，只让孩子接触课本和一些学习资料。其实，这种做法不仅会缩小孩子的知识面，而且会造成孩子学习兴趣的丧失。

哈佛大学的一项研究证明：如果孩子到哪儿都能接触到书籍，那么他的阅读兴趣就很容易被激发。所以，在孩子身边放置不同种类的书籍、杂志等，也是一种让孩子爱上学习的好方法。家长最好能选择一个固定的时间用来看书或者探讨，让阅读成为家庭生活中的一种习惯，让孩子从中感受到学习的快乐。

3. 根据孩子自身的特点，经常提出一些孩子感兴趣的问题

自然界蕴藏着无限的奥秘，而孩子从小就有探索奥秘的好奇心。所以，小孩子非常喜欢问"为什么"。很多家长在遇到这种情况时，往往缺乏耐心，只是简单、粗略地回答一下，有些家长甚至还会批评、责骂孩子，这样会深深地打击孩子的探索兴趣。因此，家长在面对孩子的问题时，必须要耐心地回答，并且要针对不同的情境提出一些不同的问题，来启发孩子思考。这样久而久之就能激发他们的探索兴趣。

4. 给孩子创设成功的体验

很多孩子之所以缺乏学习的兴趣，是因为他们还没有成

功的体验。孩子智力的发育有早有晚，有快有慢。一些在智力上发育比较缓慢的孩子，很难出类拔萃，在同龄孩子当中也难免显得"鸡立鹤群"，其学习兴趣自然较难唤醒。因此，父母应该尽量在家中给孩子多创造一些成功的体验，让他看到自己的潜能，看到自身的优点。

5. 尽量少用奖赏作"诱饵"

有的家长为了让孩子提高学习成绩，往往用奖赏作为"诱饵"，经常答应孩子在取得什么成绩时就会给予什么样的奖励。其实，以物品或者金钱作为刺激，只能削减孩子主动学习的兴趣，使孩子把学习当成一个任务，而不是一件充满惊喜和乐趣的活动。实际上，只有当孩子对一门学问由衷地感兴趣时，他才会学得又快又好又开心。

帮助孩子克服学习中的畏难情绪

不少孩子在学习时出现很强的畏难情绪，有两个原因：一是怕出错，这是因为孩子有强烈的好胜心，一旦遇见有难度的题目就怕出错，所以不敢放开尝试，主要还是害怕失败；二是胆小，依赖心过强。因为胆小的孩子，往往缺乏勇往直前的勇气。

想要消除孩子的畏难情绪，父母首先应该让孩子从心里相信，所谓的困难、问题只不过是自己心里觉得难，只要下决心去做，完全可以做出来，所有的难题都不过是纸老虎。当孩子不能成功地解决难题时，父母应该给孩子安慰，告诉孩子："没关系的，谁都有不会的时候，错了也不要紧。"这样能帮助孩子从根本上克服学习中的畏难情绪。

　　阿杜是一个性格温和、聪明懂事的男孩，他待人礼貌、宽厚，学习的积极性很高，遇到不懂的问题会主动向老师请教。但是由于基础不够扎实，自信心不强，有比较强的畏难情绪。

　　为了让他克服这一弱点，妈妈最开始让他做相对简单的题，他能快速地把题做出来，然后妈妈让他做难度稍大的题，慢慢地，阿杜就出现了畏难情绪。后来一拿到题，他就只看一会儿，连笔都不动。

　　其实妈妈准备的这些题都是有关联的，于是妈妈就暗示他找出难题和之前的一道题之间的关系，他说："比前一道题复杂了，我肯定做不出来！"妈妈又提示他找出两题之间的变化之处，然后鼓励他多动脑筋，先把能做的部分做出来。结果他通过积极思考，不仅把题做出来了，而且还变换题里的条件，自己编出了两道题！这使他信心大增！他明白了：原来不是自己不会做，只是因为心里没底，害怕自己做不出来。

　　这就是孩子的畏难情绪，他不是被题难住了，而是被自己的畏惧心理难住了，我们要做的就是鼓舞孩子的士气，增强孩子战胜困难的勇气和自信。只有我们不急不躁，循循善诱，才能使孩子定下神来，一步一步地解决困难。

孩子易产生畏难情绪，可能是因为自尊心强，害怕失败，或者是因为缺少自信和勇气。无论是哪种原因，都表明孩子耐挫抗压的能力弱。对这样的孩子，父母要多用鼓励、肯定的方式激励他。当孩子犯错时，父母要多一些宽容，让孩子有勇气继续尝试。总的说来，我们可以从以下几个方面帮助孩子缓解、消除畏难情绪。

1. 帮助孩子建立自信心

改变教育理念，把孩子的注意力引导到追求成功上，而不是先考虑失败的后果。发现孩子的优点，鼓励孩子发挥自己的优势去勇敢尝试，让孩子逐渐习惯于考虑各种获取成功的途径与可能性。这是帮孩子克服畏难情绪的法宝。

孩子自信心不够的时候，通常会出现畏难情绪。父母有必要帮助孩子在早期建立自信，这样才能消除孩子的畏难情绪，也就给孩子增加了面对困难的勇气。

2. 让孩子换个角度思考问题

无论是在生活中还是在学习中，孩子难免会遇到难题，这时我们可以引导孩子从反面来思考解决的方法，换个角度，很可能就豁然开朗了。

司马光9岁的时候，有一次跟小伙伴们在院子里玩耍。院子里有一个假山，假山底下有一口大水缸。一个孩子爬假山的时候，不小心掉到了水缸里，眼看那孩子快要没顶了。

其他孩子看到这种情况吓得直哭，有的孩子跑到外面找大人求救。司马光却急中生智，从地上捡起一块大石头，使劲砸向水缸，砰！水缸破了，缸里的水全都流出来了，掉进缸里的孩子也得救了。

司马光遇事沉着冷静，让人敬佩，而他解决问题的方式更为可贵。他没有想着从缸里把小伙伴拉出来，以他的年龄和体力，他根本无法通过这种办法救出小伙伴。然而他把"救人"换为"砸缸"，问题就迎刃而解了。对于孩子来说也是一样，目标是解决问题，如果按照常规方法无法解决，我们可以提醒他换个角度，从其他地方入手。这是化解孩子畏难情绪的一个很好的方法。

让孩子欣赏文学之美

中考结束后，杨希语文、数学皆满分。她把读书、学习视为一种快乐，她说只有在书香中才能找到自我，得到满足。

杨希一岁半开始读唐诗，小学一年级时，读了第一部小说《红岩》，不认识的字查字典，不理解地问妈妈，杨希硬是将这部长篇巨著一字一句给读完了。直到现在她还清楚地记得小说中陈然烈士写的《我的自白书》，"它让我感到英雄的气概，诗的魅力与力量"。

杨希对我国古典名著、诗词和外国名著如痴如醉。16 岁时，她已读了《家》《春》《秋》《骆驼祥子》《四世同堂》《悲惨世界》《欧也妮·葛朗台》等20多部中外名著，她将《红楼梦》仔仔细细地读了三遍，她说："《红楼梦》给我震撼很大，尤其是金陵十二钗，读她们的诗感同身受，根据她们的性格，我能猜出人物是谁。""通过书我也了解了社会。"

正因为在古典文学上这种深厚的积淀，在中考中，她在短短的40分钟内，写出了满分作文《小楼昨夜又东风》。

文学作品用生动精粹的语言，形象化地反映自然、社会和人们的心态。让孩子阅读这些作品，可以获得丰富的知识，受到美的熏陶，提高自己的思想境界。

一位中考成绩非常理想的同学说："我认为阅读是获取知识、陶冶情操和深入思考的一种方式。读了一本好书，犹如交了一位益友。我很小就开始注重对自己阅读方面的培养。读过四大名著，以及《子夜》《骆驼祥子》等国内著作，还有《汤姆·索亚历险记》《鲁滨孙漂流记》等外国名著，以及广泛的阅读会使人的内心对文字产生特别亲切的感觉，进而心随之波澜起伏，读到悲凉之处就为之感伤，喜悦之处便为之愉快。"

那么，怎样让孩子欣赏文学之美呢？

1. 满足孩子阅读的需要，帮助孩子选好的文学作品

孩子对文学作品的需要是十分强烈的，但由于年龄小，往往拿到什么就看什么，这样就不一定能获得想要的效果，

甚至有可能被不合适的书误导。父母应帮助子女选择通俗易懂、体裁活泼、思想健康的书刊。

2. 教孩子读诗词或童话，体会意境

给孩子看的文学作品，无论大小，都应该是一个完整的世界，一个充满活力和生机的世界。有的可能涉及面非常广，涉及的内容比较复杂，而孩子的知识毕竟有限，从一个侧面可能难以理解。如果帮助孩子换一个角度，和他已有的知识发生联系，就会一下子激发他的情感。

3. 鼓励孩子朗诵和背诵作品，使其能够领悟到作品的美

多数文学作品，单纯靠"看"是无法体会到其中的美妙的。父母要鼓励子女有声有色地朗读甚至背诵作品。

让孩子欣赏生活之美

约翰·列侬是著名的披头士乐队成员之一，他非常欣赏生活中的美好。他曾经说过："当你看到一朵美丽的花，你不禁要微笑。这就是生活的美好之处。"他喜欢在日常生活中寻找美好的事物，比如阳光、艺术和爱。他认为这些美好的事物可以让人们更加快乐和幸福。

约翰·列侬的这种对生活的热爱和欣赏，不仅仅表现在他的音乐创作中，也反映在他的生活中。他总是保持着乐观和积极的态度，不断寻找生活中的美好。即使面对一些挫折

和困难,他也能够从中找到积极的一面,继续前行。

在他的音乐作品中,他经常表达对和平、爱和自由的追求。这些主题也反映了他对美好生活的向往。他认为,只有拥有和平、爱和自由,人们才能够真正享受到生活的美好。

我们也要让孩子学习约翰·列侬的态度和精神,积极寻找生活中的美好,不断追求自己的梦想和目标。无论是在工作中还是生活中,我们都应该保持积极的心态,努力寻找那些让我们感到快乐和幸福的事物。只有这样,我们才能够真正拥有美好的人生。

父母要做富有生活情趣的人,要有一定的审美能力,孩子才能受到积极的影响。生活中的事情,都能让孩子受到潜移默化的影响,父母也可以试着用孩子的视角去看待生活中的美丽和可爱。

培养孩子美感的方法和途径是多种多样的,每位父母都可以摸索一套适合自己孩子的方法和途径。

父母也可以试着用孩子的视角去看待生活中的美丽。例如,当父母带孩子去公园玩耍时,可以尝试像孩子一样去探索和发现周围的环境,而不是只关注孩子的安全问题。这样可以让父母更好地理解孩子的兴趣和需求,同时也能增强亲子关系。

父母也可以尝试像孩子一样去欣赏生活中的小事情。例如,当孩子对一朵花或一只小鸟感兴趣时,父母可以陪着孩子一起观察和欣赏，而不是急于离开或转移孩子的注意力。这样可以让父母更好地体验孩子的感受和情绪，同时也能培养孩子的观察力和审美能力。

父母还可以尝试像孩子一样去创造和探索。例如，当孩子用积木拼出一个城堡时，父母可以一起加入其中，用积木创造出更多的场景和故事，而不是只关注城堡的造型和结构。这样可以更好地激发孩子的想象力和创造力，同时也能增强孩子的自信心和探索精神。

父母也可以试着用孩子的视角去看待生活中的美丽和可爱，这样可以更好地理解孩子、欣赏生活，同时也能培养孩子的各种能力。

让孩子欣赏音乐之美

情景一：

一位母亲倾诉道："我花很多钱购买了一架钢琴，并为女儿报了学习班，却发现她在学习过程中总是让我烦恼不已。起初，女儿充满热情，模仿老师的样子认真练习，然而这种热情仅仅维持了短短的三分钟，随后便开始显得烦躁不安。时至今日，她已变得极度不耐烦，那架钢琴已成为家中的装饰品。"

情景二：

　　一位母亲提到："我的女儿从小就对音乐情有独钟。每当她哭闹不止时，只要播放音乐，她就会立刻安静下来。我以为女儿在音乐方面天赋异禀，于是决定倾力培养她的音乐才能。然而，随着时间的推移，我逐渐发现女儿在音乐方面的天赋并不如我所期望的那样突出。她在唱歌时总是走调，这样的孩子在音乐之路上能否走得更远呢？"

　　在让孩子接受音乐熏陶的过程中，父母产生类似上述疑惑是正常也是必然的，这里面既有父母的因素，也有孩子的因素。有的父母可能表现得操之过急，想立刻将女儿培养成"第二个郎朗"，于是整天逼着女儿学习。这可能扼杀孩子的兴趣，从而出现事例一中的三分钟热乎劲儿。也有可能，孩子只是对音乐表现出好奇，而本身却没有这方面的天赋，导致父母产生了错误的认识。

　　不过，培养孩子欣赏音乐之美，是益处很多的。因为音乐能促进智力的发育，提高孩子对情感的感受和体验能力，陶冶孩子的情操，提高孩子的文化修养，并促进大脑左右两半球的协调发展，促进思维能力的提高。

匈牙利的音乐教育家认为，音乐刺激可以直接激起孩子进行各种活动的意向，是引导孩子发展不可替代的因素，对于孩子认识、情感、意志的发展都有重要的意义。

在音乐活动中，孩子的注意力可以通过各种途径得到发展。例如，一个新的音色、一首新的歌曲或乐曲很容易使孩子集中注意力，因而在倾听、歌唱和演奏活动中，孩子的注意力便得到了锻炼。

孩子的观察力在分辨旋律的细微变化（音量大小、强弱、音色）中得到发展。因为孩子必须对所听到的音乐做细致的观察，即听觉上的"观察"，然后才能去努力模仿他们听到的声音，唱好歌词和曲调。

唱歌也能培养孩子的记忆力。老师通过简单的哼唱旋律，把歌词教给孩子，孩子的音乐记忆力便在他自己的哼唱中得到了加强。

音乐活动可以提高孩子的思维能力。比方说，空间概念是抽象思维的起点，而视唱教学中手势语的帮助，对孩子空间概念的形成和巩固是很有意义的。

音乐活动还锻炼了孩子的意志。例如，一个乐感较弱的孩子学习音乐，要唱准曲调，就必须集中注意力听清楚正确的乐声，并模仿出来，这就要求孩子在意志方面做出努力。

音乐有着启迪智慧、教化人类等功能，但首先必须让孩子喜爱音乐，学会倾听音乐，理解音乐，从听觉到心灵都沉浸在音乐之中。这样，才能促使孩子真正感受到音乐中流淌着的智慧和人格的力量，才能真正被音乐所打动，从而使灵魂得到升华，变得更高尚，更有智慧。

1. 让孩子找到自己的"音乐细胞"

有的父母认为自己的孩子没有音乐细胞，因此，一遇歌唱活动总是不让孩子参加。

然而，音乐是人类共同的语言，能够触动人的心灵，启发人的情感。每个孩子都有属于自己的"音乐细胞"，只要我们用心去发掘，就能帮助他们找到自己的音乐之路。

首先，我们要让孩子充分接触音乐。从孩子小时候起，就可以经常给他们播放各种类型的音乐，让他们在聆听中感受音乐的魅力。同时，可以带他们去参加音乐会、观看音乐表演，让他们亲身感受现场的氛围，激发他们对音乐的兴趣。

其次，要鼓励孩子尝试不同的音乐活动。可以让孩子参加学校的音乐社团或者报名学习音乐课程，让他们学习乐器的演奏技巧，培养他们的音乐素养。此外，还可以鼓励孩子尝试唱歌、跳舞等与音乐相关的活动，让他们在多种尝试中找到自己最感兴趣的音乐领域。

再次，要注重培养孩子的音乐创造力。在孩子学习音乐的过程中，要引导他们发挥自己的想象力和创造力，让他们尝试用自己的方式去演绎和创作音乐。这样不仅可以培养孩子的音乐才能，还有助于提高他们的综合素质。

最后，要给予孩子充分的肯定和支持。无论孩子在音乐的道路上走到哪一步，我们都要给予他们鼓励和肯定，让他们感受到家人的支持。这样，孩子在面对困难和挫折时才能勇往直前，不断追求音乐梦想。

2. 让孩子学着欣赏音乐

让孩子学着欣赏音乐是一个长期的过程，需要家长和老师的耐心引导和培养。以下是一些方法，可以帮助孩子欣赏音乐：

提供多样化的音乐体验。让孩子接触不同类型的音乐，例如，古典音乐、流行音乐、民间音乐等，可以帮助他们更好地理解和欣赏音乐。还可以在家中播放不同类型的音乐，或者带孩子去参加音乐会、音乐展览等，让他们感受不同类型的音乐表演。

培养孩子的音乐技能。让孩子学习一种乐器，可以帮助他们更好地理解音乐，并且能够更好地欣赏音乐。无论是学习钢琴、吉他、小提琴等，都可以让孩子感受到音乐的乐趣和美妙。

引导孩子欣赏音乐的美妙。当孩子聆听音乐时，可以与他们分享你的感受和体验。告诉他们你喜欢的音乐元素，例如，旋律、节奏、和声等，并让他们尝试找出自己喜欢的音乐元素。这样可以帮助孩子更好地理解和欣赏音乐的美妙。

创造愉悦的音乐环境。在家中创造一个愉悦的音乐环境，可以帮助孩子更好地欣赏音乐。可以在家中放置一些乐器，例如，钢琴、吉他等，让孩子随时可以演奏和欣赏音乐。同时，也可以让孩子参加音乐团体或者音乐课程，与其他孩子一起分享音乐的乐趣。

鼓励孩子表达自己的音乐感受。当孩子欣赏音乐时，可以鼓励他们表达自己的感受和想法。可以问孩子他们喜欢的音乐元素，或者他们对于某首歌曲的感受和体验。这样可以帮助孩子更好地理解音乐，并且激发他们的创造力和想象力。

让孩子学着欣赏音乐需要耐心和引导，同时也需要提供多样化的音乐体验，培养孩子的音乐技能，引导孩子欣赏音乐的美妙，创造愉悦的音乐环境和鼓励孩子表达自己的音乐感受。这样可以帮助孩子更好地欣赏音乐，并且激发他们的创造力和想象力。

七月
July

慢慢来，没关系：
容忍孩子走一段弯路

孩子偏科怎么办

普普是初中二年级的学生。在老师和同学们的眼里，他是个"怪才"，他的数学成绩在全年级一直名列前茅，但语文成绩却一直不佳。尽管父母经常督促他在语文学习上多下些功夫，但效果甚微。

普普个性很特别，他虽然数学很好，但却经常不交作业；解题时经常不按老师的要求写出解题过程，而只给出个答案。他有点儿孤僻，很少与人交往；对自己感兴趣的事，可以达到废寝忘食的程度，不感兴趣的则不加理睬。

在大多数人的眼里，聪明的、有天赋的孩子应该是全面发展的，应该门门功课皆优。在中小学还有一个传统的做法，那就是只有学习成绩好的学生才能当班干部。这似乎表明成绩好的学生一定也具有组织和领导才能，而且也只有他们才能管理好班级。这种"全或无"的想法背后潜存着一种假定：人的智力是综合性的，一个高智力的孩子应该各个方面都有天赋，应该是"全才"。然而，在现实生活中，我们却经常见到这种情况：有些孩子在某一领域表现得非常优异，可以用"极具天赋"来形容，但在另一领域却表现平平，有的甚至毫无学习能力。普普，就是这样一个例子，一个"怪才"。

心理学家们认为：人类的智力并不是综合性的，而是与特定的领域密切相关的，也就是说，智力是多元的。所谓"全才""通才"，只是人类的美好愿望。

哈佛大学著名心理学家加登纳提出，人类至少存在八种智力：

一是语言智慧：指对语言文字的感受、理解和运用的能力。

二是数理——逻辑思维智慧：数理逻辑、运算和抽象思考的能力。

三是视觉空间智慧：以三维空间的方式进行思考，利用图像表达思维的能力。

四是音乐智慧：对音乐节奏、旋律、音准等的鉴别力，对音乐进行欣赏、创作和表达的能力。

五是身体运动智慧：指运用躯体、操作物体的能力。

六是人际沟通智慧：察言观色，善解人意，与人保持良好关系的能力。

七是个人内省智慧：清楚自己的优缺点，能敏锐地觉察自身的感受、情绪等，能利用对自己的了解来指导自己的行为和制定生活目标。

八是认识自然的智慧：对自然界保持浓厚的兴趣，并能敏锐地对自然现象进行归类、理解和解释的能力。

在现实生活中，同时具备以上多种或全部智慧的"全才"极为罕见，普遍的情况是某一特定领域中的天才。

然而，在众多学校和家庭中，一种"狭隘"的智力观点仍较为普遍。这种观点未能充分认识到孩子的智力可以展现多样化的形态，未能理解孩子在能力发展过程中出现的波动是正常现象。在评价一个孩子是否聪明或有天赋时，他们往往倾向于采用"全或无"的绝对标准：要么这个孩子被视为聪明，应在各方面展现出非凡的能力；要么就被划归为没有天赋的行列。无疑，这种"全或无"的智力观对于孩子个体成长和社会发展资源的优化配置都具有负面影响。

每个孩子都有自己的智力优势领域，关键在于家长能否慧眼识才，识别出孩子的智力强项和弱项，并有针对性地采取培养和教育措施。

孩子的智慧潜能可以有多种表现形式。大多数孩子从小就会表现出较明显的能力偏向和兴趣爱好倾向。成人应该尽可能为孩子提供丰富多彩的环境，提供多种多样的活动和表现机会，以使孩子的智慧潜能表现出来。成人通过观察孩子在不同环境和活动中的表现，常常可以发现孩子对某个领域是否特别感兴趣，是否表现出某方面卓越的能力等，也能初步明晰孩子的智力强项和弱项。

在确定了孩子的智力强项以后，家庭和学校就应该为孩子的智慧潜能提供充分的发挥空间，让孩子的智力强项得到更进一步的开发和发展。

在帮助孩子开发才能方面，家庭和父母起着相当重要的作用。

父母可以为孩子才能的发挥和发展提供好的家庭环境。父母可以通过赞扬、鼓励等方式肯定孩子的特殊才能，可以围绕孩子的智力强项领域组织家庭活动，为孩子潜能的发展提供充足的资源。具体到偏科，父母可以这样做：

首先，家长和老师要正确看待偏科现象。每个孩子都有自己的兴趣和特长，这是值得鼓励和发扬的。但同时，我们也要认识到，过度偏科可能会影响孩子的综合素质和未来发展。因此，在尊重孩子兴趣的基础上，我们要引导他们关注其他学科，培养全面素养。

其次，针对孩子的偏科问题，家长和老师要共同协作，制订个性化的辅导计划。根据孩子的实际情况，合理安排学习时间，确保各科目得到平衡发展。与此同时，要关注孩子的心理健康，避免因偏科而导致的自卑情绪，鼓励他们在弱势科目上取得突破。

再次，提高课堂教学质量是解决偏科问题的关键。教师要善于激发学生的学习兴趣，注重培养学生的学科素养。在教学过程中，要关注学生的个体差异，因材施教，提高学生的学习效果。同时，教师还应不断提升自身的教学水平，以更好地满足学生的学习需求。

最后，我们还要引导学生树立正确的学科观念。要让他们明白，各科目都有其独特的价值和魅力，全面发展才是真正的优秀。此外，要鼓励学生参加各类课外活动，拓宽知识面，培养广泛的兴趣爱好，从而提高自身的综合素质。

既然人的才能有强有弱，那么如何能做到"全面发展"？有效的做法是以孩子的智力强项为突破口，引导孩子将自己从事智力强项活动时所表现出来的智力特点"迁移"到智力弱项领域中。

有一点需要强调：一般来说，孩子并不一定会自发地将自己智力强项的学习与智力弱项的学习联系起来，并自觉地将智力强项的思维特点"迁移"到智力弱项领域中。因此，家长和老师的引导、示范作用是非常关键的。

对于一些在某个特殊领域确实具有一定天赋的孩子，应该考虑到他们的特殊需要。可以让他们完成不同于其他同学的作业内容，关键是要让他们感到作业具有一定的"智力挑战"性。

孩子不肯做功课怎么办

东东放学回到家，把书包往自己屋里一扔，就跑出去玩了。等到吃完晚饭，他又想看电视剧《小龙人》，可他的家庭作业还一点没做。妈妈一再催他去做作业，东东只好放弃电视剧，兴味索然地打开课本，漫不经心地写着作业。谁知，刚写一会儿，"瞌睡虫"就来了，东东一边写一边发困。妈妈催他："快点写，写完睡觉。"东东不耐烦地嚷："知道了，知道了，烦死人了！"

不肯做功课是孩子常常出现的问题。所以东东的妈妈也不必叹息，应该用心地观察儿子，找出不爱做作业的原因，才能对症下药。

针对孩子不肯做功课的问题，家长应该首先了解孩子的情况，找出问题的根源，然后采取适当的措施来帮助孩子。

有时候孩子不肯做功课可能是因为他们觉得作业太难或者枯燥无味。在这种情况下，家长可以尝试给孩子一些帮助，比如给予指导或者解释，或者寻找一些有趣的资料来帮助孩子更好地理解和完成作业。

有时候孩子不肯做功课可能是因为他们缺乏动力或者兴趣。在这种情况下，家长可以尝试给孩子一些激励，比如表扬孩子的进步，或者提供一些奖励，鼓励孩子完成作业。

父母的任务是帮助孩子认识到学习的乐趣，而不是每天规定他埋头去做家庭作业，向他唠叨你的期望和把他的时间安排得紧紧的。父母首先要端正自己的态度。如果你能平静地坐下来叫孩子在晚饭前完成家庭作业，或把家庭作业当作有趣的活动，他会觉得做作业还是挺不错的。

有时候孩子不肯做功课可能是因为他们有其他的困难或者问题。在这种情况下，家长应该尝试理解孩子的情况，帮助孩子解决困难，让孩子感到被关注和支持。

父母对学校和老师的态度可能影响孩子对家庭作业的态度，因此，父母应该尽量支持老师，支持老师对家庭作业提出的一些规定。当老师要求很严格时，做父母的就表示同情孩子，但不要责怪老师和学校。

孩子做作业时你尽量不要问他什么，或者差使他去干什么事，以免打扰他。如果你一味地妄加评论："你如果专心听讲，你就会知道作业怎么做。"这样只会增加他的消极情绪，干扰他的思维活动。

选定做家庭作业的最佳时间。这需要根据孩子的具体情况而定，在春秋季节，温暖的下午，孩子肯定想先玩，然后再做作业。在寒冷的冬季，如果晚上有较好的电视节目，则必须先做完作业才能够看电视。你要避免每天在作业上对孩子发脾气，这一点很重要。

父母不要为了家庭作业而跟孩子争论不休。不要威胁孩子，例如，没做完作业他的日子会不好过。先定一个规则，再告诉他不遵守规则的后果是不许玩游戏机或不许看电视。相信孩子是不愿接受这样的惩罚的。

孩子逃学怎么办

明明喜欢玩游戏、看动画片，也喜欢和同学们一起玩耍。然而，自从明明上了小学后，他的生活发生了变化。他感觉学习越来越枯燥，每天还要面对一些同学的嘲笑。慢慢地，明明开始厌恶学校。

从上初中开始，明明开始找各种理由请假，逃离学校。

上述情况在青少年犯罪中是很常见的。

逃学通常是指孩子无故不去学校上学，或者课间离开学校不再回去。孩子逃学可由许多原因造成，包括孩子对学习没有兴趣、成绩差、贪玩、怕辛苦、怕老师惩罚、怕人笑话、受人欺负、同伴诱惑、生病等。孩子有时会在学校受到其他同学的嘲笑，如个人生理缺陷、成绩差、语言能力差等使孩子感到上学不开心，就会出现逃学现象。有些孩子沉溺于别的活动中，例如玩扑克、下象棋等与学习无关的兴趣爱好，结果对正常学习的兴趣下降，出现逃学现象。有时孩子逃学是由于父母不许他们随便到外面玩，孩子没有机会开展正常的兴趣爱好和娱乐活动，就通过逃学的途径来满足自己的需要。

另外，父母对孩子过分溺爱，孩子过分依赖父母，孩子习惯了在父母身边，都可能导致孩子到学校会产生害怕和陌生的感觉。有时孩子在听不懂老师的课、对教学内容不感兴趣或老师讲课枯燥乏味等情况下，也不愿到学校听课。还有些家庭，父母关系不好，经常争吵，导致孩子情绪不好，产生不安全感，担心父母离异，孩子就不愿离开父母。这些都可能导致逃学。

有些孩子逃学后就在外面流浪，与别的逃学的孩子形成小集体，甚至干坏事，出现违法行为。孩子受到这种小集体的压力和影响，又会继续逃学，形成恶性循环。

孩子逃学，家长当然很生气，有的则大发脾气，甚至打骂孩子，采取强硬措施硬逼着他们去学校，这样只能增加孩子的厌学情绪和逆反心理。因此，如果您的孩子也有逃学的现象，请您一定要克制，在问明原因后，采取下面的办法避免孩子再发生逃学的情况。

家长需要与孩子进行沟通，了解逃学的原因。可能是因为孩子感觉学习内容很难，或者是因为与同学发生了矛盾，或者是因为对老师的教育方式不满意等。在了解了原因之后，家长可以采取相应的措施来帮助孩子避免再次逃学。

如果孩子在学习上很吃力，家长可以考虑给予孩子更多的学习支持和帮助。例如，可以与孩子的老师联系，了解孩子的学习情况，并寻求老师的建议。同时，家长也可以自己辅导孩子的学习，或者请专业的辅导老师来帮助孩子掌握学习内容。

如果孩子与同学发生了矛盾，家长可以与孩子的老师和同学家长进行沟通，寻求解决方案。家长可以鼓励孩子与同学进行和解，或者帮助孩子寻找新的朋友，避免与不友好的同学接触。

如果孩子对老师的教育方式不满意，家长可以与孩子的老师进行沟通，了解孩子的想法和感受，并寻求老师的理解和支持。同时，家长也可以向学校反映孩子的情况，并寻求学校的帮助和支持。

家长需要帮助孩子树立正确的价值观和学习观念。家长可以告诉孩子学习的重要性，鼓励孩子努力学习，并给予孩子适当的奖励。同时，家长也需要帮助孩子树立正确的价值观，让孩子明白逃学是不正确的行为，并引导孩子树立正确的道德观念和行为准则。

总结起来，避免孩子再次逃学需要家长的关注和帮助。家长需要了解孩子的情况，并采取相应的措施来帮助孩子解决问题。同时，家长也需要帮助孩子树立正确的价值观和学习观念，引导孩子健康成长。

孩子名次落后怎么办

在一次考试结束后，某市的一所中学邀请了成绩很差的十几名学生及其家长参加家长会。会上，老师逐一列举了孩

子们的不足之处，令在场的家长们备感焦虑。老师发言结束
后，许多家长纷纷责怪身旁的子女，甚至有人情绪失控，挥
手打向孩子，将内心的羞愤发泄在他们身上。然而，那位成
绩垫底的学生母亲却与众不同，她非但没有责怪孩子，反而
紧紧地拥抱着他，眼中充满了无尽的慈爱。

当有人好奇地询问这位母亲为何不责怪孩子时，她坦然
回答："我对孩子充满信心。我从不打骂孩子，我相信他会在
失败中吸取教训，逐步成为最优秀的自己！"几年后，这位
昔日被视为最差的学生，凭借坚定的毅力和不懈的努力，成
功考入了北京科技大学，实现了人生的华丽转身。

这样一个真实的故事，给予人的启迪是巨大的。

"尺有所短，寸有所长。"这位母亲了解孩子的长处，相
信孩子潜在的能力；她不随波逐流，别人都打骂孩子，唯独
她紧紧地搂着孩子，她相信自己一定能教育好孩子。果然在
她的教育下，孩子脱颖而出，走上成功的道路。

这位母亲具备出色的教育理念，深入了解她的孩子，并
充分欣赏他的优点。她对孩子未来的发展充满信心，即便在
那时，她的孩子是班级中成绩最差的。对孩子的称赞能激发
他们积极向前的动力；而如果父母动辄指责孩子为"笨蛋"，
质疑他们的能力，那么孩子可能会变得比预想的还要差。

在现实生活中，许多名人也曾经历过学习成绩不佳的阶
段。然而，他们并未因此放弃，而是通过自己的不懈努力，

最终取得了举世瞩目的成就。

苹果公司的创始人乔布斯在年轻时并不是一个学术上的佼佼者。他在学校里的成绩一般，甚至有时还显得有些差。然而，这并没有阻止他追求自己的兴趣和梦想。他对电子和计算机的热爱最终使他创建了一个改变世界的企业。

脱口秀女王奥普拉·温弗里在学生时代也曾经成绩不佳。她甚至因为学习成绩差而被多次留级。但是，她并没有因此气馁，而是在成年后积极进取，成了一名成功的电视主持人、制片人和慈善家。

每一个孩子都需要被不断地鼓励，这就像植物需要阳光雨露一样，父母应当持续不断地鼓励孩子，循序渐进地培养他的自信心和远大志向。

父母应当给予孩子更多的关爱和支持，帮助他们找到问题所在并采取有效的措施加以解决。同时，父母还应该鼓励孩子在学习中尝试新的思维方式和解决问题的方法，让他们知道失败并不可怕，重要的是能够从失败中吸取教训并不断进步。

当孩子遇到困难或挫折时，父母可以给予他们积极的反馈和鼓励，帮助他们建立自信心。例如，父母可以说："我知道你很难过，但是我相信你可以克服这个困难，你是很棒的！"这样的鼓励可以让孩子感到被理解和支持，从而更有信心面对挑战。

父母还应该帮助孩子树立远大的志向和目标，鼓励他们不断努力追求自己的梦想。例如，父母可以与孩子一起制订学习计划和目标，帮助他们理解实现目标需要付出努力和时间，但只要坚持下去，最终一定能够取得成功。

在孩子的成长过程中，父母应该始终关注他们的情感需求，给予他们足够的关爱和支持。只有这样，孩子才能够在自信和积极的心态下茁壮成长，成为有远见和自信的人。

孩子学习磨蹭怎么办

武杰现在上初一，他的动作慢是让父母最头疼的问题。武杰的慢最突出的表现是在做作业上。每天晚上吃过晚饭之后，不多的作业每次他都要做到很晚，等到做完，也就要睡觉了。要是再让他复习、预习功课的话，时间就拖到11点以后了。父母也曾经监督过他的学习，有人监督的时候他的速度就会快一些，但是如果放任他一个人做，就会很慢。上小学的时候，父母一直在旁边监督以提高其做作业的速度，但是现在父母工作繁忙，不可能每天晚上都在旁边守着他学习，但是又担心他这样效率低下地做作业会影响学习成绩，不知道如何让他既不需要监督又能比较快地做作业。

做作业拖拉或行为慢，磨磨蹭蹭这种情况，在孩子中还是很常见的。孩子养成磨蹭的不良习惯，是一个渐进的过程。

孩子在学习上磨蹭，主要有以下几方面的原因：

第一，学习兴趣不高，学习主动性不强，只是为了应付老师和家长而学。

第二，性子本来很慢，干什么都不急，即使天塌下来也如此。

第三，时间观念不强，不知道珍惜时间就是珍惜自己的生命。

第四，依赖性强，没有父母的监督，就不知道正常的做事节奏。

第五，孩子觉得被忽视了，希望通过这种方式引起父母注意。

虽然磨蹭不是什么大毛病，但一旦养成，又没有得到及时纠正的话，对孩子未来的发展十分不利。时间就是金钱，时间就是生命。在日趋激烈的社会竞争中，不抓住时间、磨磨蹭蹭的人，是会被社会淘汰的。现在，孩子的学习任务还不重，磨磨蹭蹭的危害不是很大。等孩子上了高中，功课会十分繁重；到了大学，在没人强调如何学习的情况下，要求自主学习。在这两个阶段，磨磨蹭蹭的危害就一下子显现出来了。学习磨蹭，降低了学习效率，影响了功课的进度。父母应该尽快纠正孩子学习磨蹭的坏习惯。

同一种现象，背后的原因可能千差万别，这也是对别人有效的方法未必适合自己的原因。找出原因，然后才能对症下药，采取一定的措施。武杰同学是因为注意力分散、不专心而导致学习磨蹭，所以武杰的父母应先仔细观察，再做判断。

学习磨蹭是小孩子常出现的问题，对于这种情况，父母可以采取的措施有：

（1）建立清晰的规则：制定简单、明确、公正的规则，让孩子知道你对他们的期望是什么，以及如果他们不遵守规则会有什么后果。这有助于孩子理解自己的行为和责任。

（2）给予正向激励：当孩子按时完成任务或表现出积极的学习态度时，父母可以给予赞扬、奖励或鼓励，帮助孩子建立积极的学习习惯。

（3）提供具体指导：父母可以与孩子一起制订学习计划，并提供具体的指导和支持，帮助孩子克服困难和障碍，提高学习效率和兴趣。

（4）创造适宜的学习环境：父母可以为孩子提供一个安静、整洁、舒适的学习环境，减少干扰和诱惑，帮助孩子集中注意力，专注于学习。

（5）鼓励孩子自主学习：父母可以鼓励孩子自主学习，培养孩子独立思考和解决问题的能力。

孩子学习疲劳怎么办

　　黄音，一个正在读小学五年级的学生，学习态度认真。然而，近期她面临了一个棘手的问题。每晚在家里做功课时，每隔大约一个小时，她便会感到昏昏欲睡，可一旦真正躺到床上，却又难以入眠。而如果继续坐在书桌前阅读，她却发现自己看过的内容很快就忘记了，更别提学到什么知识了。每当遇到稍微复杂一些的思考题，她的大脑就如同生锈的机器，运转困难。这个问题让她备感痛苦，而她的家长也无法理解，不知道究竟是什么原因导致了这种状况。这难道是因为学习过度疲劳导致的吗？

　　没错，根据黄音的表现，可以判断的确是学习疲劳导致。

　　心理学认为，疲劳是由于高强度或长时间持续活动，导致工作与学习能力减弱、效率降低、错误率增加的心理状态，它是一种自然性防护反应。

　　我们知道，无论是读书还是做其他事，刚开始时总是难以进入状态，过一会儿才上轨道，才出现效率。这个过程称为"心理调整"。当心理调整后进入学习状态时，疲劳和厌倦便随之而生，并随学习的进程而逐渐加剧。效率相应降低，时而出现误差；如果不休息而继续学习，就会使疲劳得不到缓解，或缓解程度不足以补偿工作与学习中形成的疲劳时，疲劳就会积累起来，导致最后既无效率可言，也会对人体造成损害。如果适当休息，疲劳得以解除，学习的"引擎"将再度启动，恢复效率。

因人而异，小朋友的生理、心理状况不同，对于学习强度的敏感性不同。像上述例子中的黄音小朋友，情况还算是比较正常的。随着孩子年龄的增长，学习强度增加，孩子身心承受能力增强，一般来说，孩子学习疲倦的情况会有所改善，这也是初中、高中每节课的时间和小学一样的原因。孩子暂时性的、短期的学习疲劳现象，可能是由于不适应某种情况造成的，家长不用太过担心。但如果孩子长期处于学习易疲劳的状态，家长就应予以足够的重视了。

预防孩子做功课易疲劳有两个问题需要解决：一是做功课时的中间休息时间以多长为合适？二是怎样的休息才算是真正的休息？

该休息多长时间呢？时间过短，疲劳解除不了；时间过长，好不容易做好的心理调整将失败，又必须从头开始调节心理。据研究，学生做功课中间的休息以 5 ~ 10 分钟最恰当。也就是说，如果他们要做两小时的功课，那么以学习 20 分钟，休息 10 分钟，反复实施，效率最高。

怎样的休息才算是真正的休息？答曰："离开课桌。"真正的休息应该能够帮助孩子恢复精力，缓解压力，并让孩子感到更加舒适和放松。一些有效的休息方式包括：

（1）伸展身体：让孩子站起来，伸展身体，放松肌肉，缓解疲劳。

（2）喝水：让孩子喝一杯水，保持身体的水分平衡，缓解口渴和干燥感。

（3）看看窗外：让孩子看看窗外的景色，放松眼睛，缓解视力疲劳。

（4）听音乐：让孩子听一些轻松的音乐，缓解紧张情绪。

（5）做一些轻松的运动：让孩子做一些轻松的运动，如跳绳、瑜伽等，帮助身体释放能量，改变精神状态。

除了这些短暂的休息方式，让孩子进行一些户外活动，如散步、骑自行车、打球等，也是非常有益的。这些活动可以让孩子远离课桌和电子设备，享受大自然的美好，同时增强孩子的身体素质和免疫力。

孩子学习粗心怎么办

赵欣是个五年级的小学生，学习很好，但奇怪的是，他每次考试的成绩都不怎么理想。于是，他的妈妈拿来考试卷，与他一起分析错误的原因。分析之后发现，很多错误都是粗心所致，不是漏了一个数，就是多写了一个数。你马上再考他，他还会，并非不懂不会。可是，无论怎样苦口婆心地提醒他不要马虎，要细心作答，赵欣还是难改粗心的毛病。妈妈很生气，真不知怎样才能纠正孩子的这个毛病。

考试粗心是不少孩子常见的毛病。考试粗心造成的危害很大，有的学生平时学习很好，一考试成绩就不理想，不少是由于粗心所致。赵欣就是这种情况。

孩子粗心是一个让很多家长和老师都感到困扰的问题。他们可能会在写作、做数学题或者完成其他任务时出现拼写错误、计算错误或者遗漏一些细节。那么，孩子为什么会粗心呢？

首先，孩子的粗心可能与他们的认知发展水平有关。孩子的大脑在不断发育，尤其是在小学阶段。这个阶段的孩子往往很难将注意力集中在单一的任务上，他们可能会被周围的环境和其他正在发生的事情所干扰。此外，他们的短期记忆能力有限，很难一次性记住太多的信息，这也可能导致他们在完成任务时出现遗漏。

其次，孩子的粗心可能与他们的情绪状态有关。如果孩子感到焦虑、紧张或者沮丧，他们可能会在做事情时变得粗心。这是因为他们的情绪状态干扰了他们的注意力，使他们难以集中精力完成任务。

此外，孩子的粗心也可能与他们的学习习惯有关。如果孩子没有养成良好的学习习惯，如定期复习、认真审题等，他们可能会在完成任务时变得粗心。良好的学习习惯可以帮助孩子更好地集中注意力，减少犯错误的可能性。

最后，孩子的粗心也可能与家庭教育环境有关。如果家长对孩子的学习要求过于严格或者过度干预，可能会导致孩子在学习时产生压力，进而影响他们的表现。另一方面，如果家长对孩子的学习缺乏关注，孩子可能会认为学习并不重要，从而对学习产生敷衍的态度。

作为家长，必须有效地帮助孩子改掉粗心的坏毛病，而且越早越好。

那么，该如何纠正孩子粗心的毛病呢？

纠正孩子粗心的毛病需要家长和老师的共同努力。以下是一些建议，帮助孩子克服粗心的问题：

（1）增强孩子的责任感。教育孩子要对自己的行为负责，让他们意识到粗心会对学习和生活产生不良影响。家长和老师可以通过设置一定的家庭任务和课堂作业，让孩子在完成任务的过程中逐渐养成细心的好习惯。

（2）提高孩子的自我监控能力。鼓励孩子在做事情的时候自我检查，监督自己的行为。例如，在做作业时，让他们养成检查答案、计算过程和书写规范的习惯。

（3）培养孩子的专注力。孩子的粗心往往与注意力不集中有关。可以通过让孩子进行专注力训练，如阅读、绘画、拼图等，来提高他们的注意力。同时，要减少孩子接触电子产品的时间，避免干扰他们的注意力。

（4）增强孩子的自信心。当孩子犯错误时，家长和老师要给予耐心和理解，避免指责和批评。而是要引导孩子认识到自己的错误，并鼓励他们努力改正。这样，孩子才能在改正粗心毛病的过程中保持自信，积极面对挑战。

（5）教给孩子有效的方法。教孩子如何合理分配时间，制订计划，提高效率。这样，孩子在完成任务时就会有更多的余地来自检，避免因时间紧张而导致粗心。

总之，纠正孩子的粗心毛病需要家长和老师的共同关注和引导。通过培养孩子的责任感、自我监控能力、专注力、自信心以及教给孩子有效的方法，相信孩子能够逐渐克服粗心的毛病，提高学习和生活质量。

孩子厌学怎么办

小明，一个年仅 15 岁的初二学生，曾是全家引以为傲的存在。他很听话，成绩很优异，让家人倍感欣慰。然而，近期小明却出现了厌学的情况，使得原本的骄傲变成了忧虑。老师多次拜访小明家，向家长反映他在学校的表现。他不仅自己放弃学习，还与班里一些贪玩的同学，共同抵制老师的教导，拒绝听课和完成作业。

面对这种情况，家长曾多次对小明进行教育，希望他能改正错误。每次小明都答应得很好，但不久后又故态复萌，继续过着放任自流的生活。全家为此忧心忡忡，却束手无策。最终，学校做出了让小明退学的决定。

现在，有相当大一部分中小学生都不同程度地存在着厌学情绪，小明的情况比较严重，因为他还拉上其他同学，带坏班风，造成恶劣的影响。从心理学的角度讲，厌学是腐蚀学生心灵的蛀虫。一个学生如果长期缺乏学习热情，没完没了地感到精神疲倦，最终会对一切学习活动兴味索然，从而出现逃学或其他一些问题。

中小学阶段正是学习的黄金时期，为什么有的学生会出现厌学情绪呢？这需要从外部和内在两个方面去分析。

从外部原因来看，家庭、学校和社会环境都可能对学生产生影响。首先，家庭教育方式不当，过于严厉或放任不管，都可能导致学生产生厌学情绪。家长应该关注孩子的成长，适当给予关爱和鼓励，为孩子创造一个轻松愉快的成长环境。其次，学校教育方式也是一个重要因素。如果教学方法单一、课堂氛围沉闷，学生很容易产生厌学情绪。因此，学校应注重提高教学质量，创新教学方法，激发学生的学习兴趣。此外，社会环境也会对学生产生一定影响。不良的社会风气、网络诱惑等都可能导致学生对学习失去兴趣。因此，有关部门应加强对青少年成长的引导，为他们创造一个健康向上的成长环境。

从内在原因来看，学生的个性特点、兴趣爱好和心理素质等方面也会影响他们对学习的态度。有些学生可能对学习不感兴趣，觉得学习很枯燥，这种情况下，教师和家长应关注学生的兴趣爱好，引导他们将兴趣与学习相结合，提高学习积极性。此外，一些学生可能因为学习压力过大、心理素质较差而产生厌学情绪。针对这种情况，教师和家长应关注学生的心理健康，教会他们如何调节情绪，培养良好的心理素质。同时，学生本人也要学会自我调节，正确面对学习压力，保持积极乐观的心态。

总之，要解决学生的厌学问题，需要家庭、学校和社会共同努力，从多方面寻找原因，制定相应的对策。只有这样，才能使学生充分发挥潜能，在学习的黄金时期茁壮成长。

那么，家长怎样矫正孩子的厌学情绪呢?

1. 对学习提出规律化的明确要求

家长可以通过制订规律化的学习计划来帮助孩子矫正厌学情绪。

家长需要和孩子一起制订一个明确的学习计划，包括每天的学习时间和任务分配。然后，家长需要监督孩子按照计划进行学习，确保孩子在规定的时间内完成规定的任务。

2. 加强对孩子学习情况的检查和督促

家长对孩子的学习提出明确要求后，要经常进行检查督促。对孩子学习习惯上的进步，要及时予以鼓励，对孩子说明这是坚持良好学习习惯的结果，以增强孩子的自信心。

同时，家长还可以采用一些奖励机制来激励孩子学习。

比如，当孩子完成了一项任务或者取得了一个进步时，可以给予孩子一些小奖励，比如表扬、小礼物或者额外的娱乐时间。这样可以让孩子感到自己的努力得到了认可，并且激励他们继续努力学习。

3. 帮助孩子树立必胜的信心

信心是前进的源泉，进取是成功的根本。在学习上，气可鼓而不可泄，家庭教育的技巧就在于如何创设成功机会，满足孩子高层次的需要。在孩子每一次做作业、考试或是成长经历中表现有进步时，家长应该有意识地表扬，使他们看到希望，树立信心。

4. 父母要创设一个宽松的家庭环境

父母可以针对孩子的学习兴趣、学习能力和孩子一块儿制订一份既合适又有针对性的学习作息时间表，但不必完全改变家庭日常生活规律。另外，家长不要在孩子面前因学习而争吵，不要一天到晚千叮咛、万嘱咐，让子女感到唠叨个没完。要尽量减少或避免人情往来的应酬，嘈杂的家庭环境会让孩子心绪不宁，烦躁不安，不能静心学习。

孩子对学习没有信心怎么办

王鑫是一个十岁的孩子，他一直对学习没有信心。每当看到学校的作业或者考试时，他就会感到非常紧张和害怕。

他的父母很为他担心，因为他们知道如果王鑫不能建立自信，他将无法充分发挥自己的潜力。

针对王鑫的问题，我们先来看一个现实生活中成功的例子。

一位安徽省考生在介绍她的学习经验时说道：

"在我国安徽省某县，有一所鲜为人知的中学，那就是我的母校。尽管在外地知名度不高，但在当地却享有盛誉。1993年的中考结束后，这所学校如往常一样，吸引了众多学生争相报考。为了给本校初中毕业生提供更多机会，学校高中部特意增加了5个录取名额。

"就在这一年，一个女孩如愿以偿地进入了这所中学，她成了我高中三年里最要好的朋友，也是对我后来进入清华大学产生巨大影响的朋友。一开始，她在高中生涯的第一次考试中，成绩在全班排名倒数第二。然而，仅仅一年之后，她便挤进了年级前100名。两年后，她已跃居全班前10名，年级前30名。最后一次模拟考试，她以全班第三名的优异成绩让所有人都大吃一惊。

"我清楚地记得，她曾是我们班中成绩倒数第二的学生。她曾说过：'我相信别人能做到的，我也一定能做到。我不着急，终究有一天我会摆脱困境。'她的话语充满了信念和力量。这是一个不屈不挠、勇往直前的女孩，她的故事激励着我，也让我深感敬佩。

"我之所以多次介绍她的事迹，就是想告诉千千万万的同学们，相信你们自己的力量，相信你也可以创造辉煌。正如一场体育比赛，如果你赛前就已经弃权了，那么你无疑是输家，因为连你自己都不相信自己，所以你输定了！如果你给自己一搏的机会，人的潜能是无限的，你会得到意想不到的好成绩。"

如果王鑫小朋友看到这个故事，一定能感悟到相信自己是很必要的。现在的小朋友多是独生子女，骄纵任性，受不得一点挫折，最大的敌人就是他们自己。所以说，要相信自己一定能行，不要还未上场，就已经弃权。

要想提高孩子的成绩，培养和提高学习能力，树立孩子的学习信心十分重要。一个孩子如果对学习失去了信心，就不可能再努力学习，不努力学习，成绩当然不可能提高，学习能力的提高也无从谈起。

那么，怎样才能帮孩子树立信心呢？做到这一点，关键要认识到：人的潜力是无穷的，人类远远没有把自己的潜力挖掘出来。

有人估计，人脑记忆的可能容量相当于全世界图书馆藏书的信息总量。苏联的一家杂志说："如果我们能迫使我们的大脑达到其一半的工作能力，我们就可以轻而易举地学会 40 种语言，将一本苏联大百科全书背得滚瓜烂熟，还能够学完数十所大学的课程。"

美国心理学家奥托认为："在正常情况下，一个人所能发挥出来的能力，只占他全部能力的 4%。"可知，一个人的潜力有多大！

而一些孩子的成绩差，学习能力也差，并不是真正的差，只是他们不知道自己有潜力可挖，是他们没有认真读书而已。根据脑科学的研究，一般人的大脑是没有什么区别的。爱因斯坦大脑左右半球的顶下叶区比常人大 15%，但那仅是个别现象，全世界到目前为止，还只有一个爱因斯坦。由此说明，一个成绩差的孩子，只要肯努力，成绩完全是可以提高的。那种认为自己脑子笨，由此丧失信心的想法是完全错误的。

作为家长，在让孩子明白自己的潜能之后，可以具体从以下几方面来树立孩子的信心：

首先，家长可以通过肯定孩子的努力和成就来树立孩子的信心。当孩子在学习或做某件事情上取得进步时，不要只是简单地表扬他们，而是要具体指出他们所付出的努力和取得的成就。例如，可以说："你真的做得很好，你的努力和专注是值得的。"这样的肯定可以让孩子感到被认可和鼓励，从而增强他们的自信心。

其次，家长可以给孩子提供适当的挑战和支持，以帮助他们克服困难和取得更大的成就。当孩子面临挑战时，家长可以鼓励他们相信自己的能力，并提供必要的支持和帮助。

再次，家长可以培养孩子的独立性和自主性，让他们感到自己可以独立完成任务和解决问题。家长可以给孩子一些自主权，让他们自己作出一些决定，例如，选择自己想穿的衣服或者参与家庭活动的安排。这样的自主性会让孩子感到自己的意见和想法被重视，从而增强他们的自信心。

最后，家长可以为孩子树立榜样，以帮助他们学习如何处理成功和失败。当孩子看到家长在挑战中坚持努力、克服困难并取得成功时，他们会受到鼓舞并学习到如何处理类似的情况。同时，当家长在孩子面前承认自己的错误和失败，并从中学习时，也会让孩子感到失败并不可怕，重要的是从失败中吸取教训并不断尝试。

总结起来，作为家长，可以通过肯定孩子的努力和成就、提供适当的挑战和支持、培养孩子的独立性和自主性以及树立榜样来帮助孩子树立信心。这不仅可以帮助孩子在学校和生活中取得成功，而且可以让他们成为自信、独立和有成就感的人。

八月
August

事有先后，做有缓急：
提高孩子执行力

勤勤恳恳，与时间为友

鲁迅曾言："节约时间，旨在提升有限光阴的利用率，从而延展我们的生命。"在教育孩子的过程中，我们何不借鉴这一真谛，让珍惜时间成为他们的习惯。时间，是世间最为公允的资源，对每个人来说都平等无私。然而，并非所有人都能充分运用时间，创造卓越的成就。少年儿童更应珍视时间，唯有勤奋刻苦，善用每分每秒，方能取得成果。

所有能够成功的今人古人们，都是珍惜时间的典范。古书《淮南子》有云："圣人不贵尺之璧，而重寸之阴。"我们也可以在汉乐府《长歌行》中读到："百川东到海，何时复西归？少壮不努力，老大徒伤悲。"陶渊明也曾经有过类似的感慨："盛年不重来，一日难再晨，及时当勉励，岁月不待人。"唐末王贞白《白鹿洞》诗中更有"一寸光阴一寸金"的形象比喻。"时间就是资本"是巴尔扎克的比喻。有的人把时间看成财产，例如歌德。鲁迅先生更是对时间有着深刻的见解。在他眼中，时间就是生命本身。无故浪费他人的时间，等同于谋财害命。法拉第，这位在中年时期善于节约时间的楷模，把每一刻都投入到了科学创造之中，对于与科学研究无关的一切活动他都避而远之，甚至对于前往皇家学院授课也显得颇为抗拒。为了尽可能节省接待外来访客所耗费的时间，居里夫人甚至选择不在客厅里摆放沙发。在爱因斯坦 76 岁那年，他因病倒下了，当一位好友询问他有何愿望时，他的回答仅仅是希望剩下的时间足够让他完成手头的稿件整理。

二百多年前，美国还没有独立，富兰克林作为科学家、实业家、美国启蒙运动的开创者和独立运动的领导人，曾经说过两句在美国流传甚广、掷地有声的格言，后来收录在他编撰的《致富之路》中。这两句话分别是"时间就是生命""时间就是金钱"。

一个人为社会创造的价值就是他的价值，但这种价值只有在时间的沉淀和积累中才能得以实现。只有惜时如金，提高时间的利用率才能实现人生价值。父母应该告诉孩子这个道理，让他们懂得时间的重要性。

我们都知道孔子是一个认真的人，而《易经》是一本非常难懂的书，喜欢《易经》的孔子凭着顽强的毅力，一遍一遍地诵读、学习，直到把书中的内容弄懂了为止。但是孔子所处的那个时代没有纸张，读的书是用竹简和木简制成的，读起来极不方便。人们用皮条把许多竹简都编在一起，便成了册。孔子由于热爱学习，经常翻动这些书简学习，次数多了，编联竹简的皮条竟然断了三次。"韦编三绝"这个成语就是由此诞生的，证明了孔子的勤奋好学。

战国时有一个名叫苏秦的人，他无比热爱学习和读书，经常读到深夜，犯困时，就用锥子刺自己的大腿，以便使自己的头脑保持清醒；孙敬是生在汉代的人，他用一根绳子把自己的头发和房梁拴在了一起，以防止自己打瞌睡。历史上著名的"头悬梁、锥刺股"的故事就是这么来的。

父母在教育孩子时，不仅要注重知识的传授，更要关注时间的利用。时间的价值在于它可以被利用来创造更多的价值和财富，因此，让孩子明白时间的珍贵和重要性，对于他们的成长和发展至关重要。

要想让孩子懂得珍惜时间，父母首先要做出榜样。父母是孩子最亲近的人，他们的言行举止会深深地影响孩子。如果父母自己都不珍惜时间，孩子也很难意识到时间的重要性。因此，父母要合理安排自己的时间，充分利用时间，不要浪费光阴。

父母要教育孩子"心动不如行动"。很多孩子都有自己的梦想和计划，但是往往因为缺乏行动力而无法实现。父母要让孩子明白，只有行动才能将梦想变为现实，只有付出努力才能获得成功。因此，父母要鼓励孩子勇敢地尝试，不断地实践和练习，才能不断提高自己的能力和水平。

父母还要帮助孩子制定合理的时间表，让孩子学会规划自己的时间。时间表可以让孩子更加清晰地知道自己要做什么，什么时间需要完成，从而提高孩子的效率和自律能力。同时，父母也要监督孩子的学习和生活，及时发现问题，帮助孩子克服困难和挑战。

把时间看重一点，需要勤奋和多次练习是一定的。父母要让孩子明白"心动不如行动"的道理，鼓励孩子勇敢尝试，不断实践和练习。

培养孩子的时间概念

在孩子的心里没有"一寸光阴一寸金"的概念，以致缺乏时间观念，经常出现懒散、懈怠或者拖拉的现象，做事磨磨蹭蹭。很多家长对此很担心，害怕孩子这样下去，长大后会一事无成。想帮助孩子养成遵守时间的好习惯，提高做事效率，但却不知从何做起。

树立时间观念，方能提高办事效率。

孩子早晨起来后，穿衣、洗漱和吃饭都十分缓慢，让着急去上班的家长十分无奈；做作业时，孩子写一会儿作业，发一会儿呆，或是摆弄摆弄铅笔、小玩具等。面对孩子的磨蹭，大人虽然很心急却没办法。当孩子做事拖拉时，父母一定要保持平静，假如对孩子大声训斥、责怪，只能使事情变得更加糟糕。

倘若对孩子做事磨蹭的问题不加以纠正，一旦形成习惯，想要纠偏则会变得非常困难。并且，生活上磨磨蹭蹭的坏习惯会扩展到学习、交往等多方面，引起一系列后果。因此，父母要合理安排好孩子的生活，从点滴小事做起，引导孩子认识到提高做事效率的必要性，帮孩子克服做事磨蹭的不良习惯。

1. 发挥钟表的作用

加强孩子的时间观念，培养孩子对于时间的把握能力。孩子做事磨磨蹭蹭，与他们没有时间观念有关。应帮助孩子认识到磨蹭给自己和父母都会带来不好的后果，使他们接受意见并愿意改正。可与孩子一起制订一个互相监督的计划，让他监督父母有没有磨蹭现象，并及时相互交流监督结果；可与孩子一起制订一个生活日程表，记录每天早晨穿衣、盥洗、吃饭等所用的时间，并每隔一段时间总结讲评一下孩子进步的情况，孩子肯定会为自己时间观念的增强而感到兴奋，从而主动加快自己的做事速度，并逐渐学会把握好时间的技巧。

2. 注意引导方法

要孩子有时间观念，家长首先要做到惜时守时，讲求效率，以身作则。

帮孩子制订一套严格合理的作息时间表，并不断以鼓励的方式进行督促，如：可在孩子清晨准时洗漱时，奖励他一个小红花，当孩子获得五个小红花时，就满足他一个要求，比如带他去动物园或者游乐场等。

如果孩子在经过一段时间的锻炼后，依然做事磨蹭，父母也不要着急，可以帮他找出进步较慢的原因，重新因人制宜地修订原来的计划方案。

3. 适当地"放手"

不要包办孩子的一切，否则，很容易造成孩子磨蹭、懒惰，并产生依赖心理。因为孩子知道，吃饭、穿衣、洗漱、整理等事情，不管自己怎么做，反正爸爸、妈妈都会帮自己解决。所以，孩子自己的事情，还是放手让他们自己去做吧。只有这样，他们才会越来越能干，越来越自信。

4. 让孩子学会一种技能

家长平时要注意观察孩子的兴趣爱好，比如游泳、武术、舞蹈、美术、弹琴等，然后征求孩子的同意，重点培养他学习一种技能。人的行为具有整体性，孩子通过学习和掌握技能，使自己的动作协调熟练了，相应地也能够影响到其他事情，从而促进孩子办事效率的提高。

5. 让孩子尝到"快"的甜头

孩子在感觉到做事快对他来说大有好处时，才会认为做事快是值得的，是一种好的习惯。但父母一定要注意，当孩子做事快了，效率高了，节省出了大量时间时，不要对孩子层层加码，要把孩子节约出来的时间还给孩子。在孩子较快完成了任务之后，赋予孩子自由安排活动的权利，让孩子去做一些自己感兴趣的事情。否则，将可能伤害孩子的积极性。

6. 让孩子品尝磨蹭的苦果

在品尝到磨蹭带给自己的苦果之后，孩子往往会开始快起来。所以，让孩子为自己的磨蹭付出代价，让孩子自己去承担磨蹭的后果，也是一个改掉孩子磨蹭毛病的好方法，比如：孩子早上起晚了，家长不要急着去帮他，可以提醒孩子一下，"再不快点儿可要迟到了"，假如他依然在那里磨蹭，不妨任由他去，让他体验一次上学迟到的后果。孩子如果真的迟到了，老师必定会询问他为何迟到，孩子在受到批评之后，会切身感受到磨蹭带给自己的害处，便会主动加快自己的办事速度。

有些时候孩子做事磨蹭，也可能是不熟练的缘故，多练习几次，便可熟能生巧，自然会快起来。

做事有计划和条理

许多孩子都有早晨起床找不到袜子、学习用品或者生活用品的现象，这便是做事缺乏计划性和条理性的坏习惯。孩子做事缺乏条理、没有计划，很正常。然而如果我们不注意引导，孩子往往会养成做事不分主次、不分轻重、毫无计划的不良习惯，从而使他的人生潜藏很多失败的风险，因为一个做事没有计划、没有条理的孩子，做事情难以得心应手，更难有所成绩。

教育孩子，要培养孩子做事有条理的习惯，父母要以身作则，否则不会有好的效果。试想，一个做事缺乏条理的家长能培养出一个做事有条理的孩子吗？在生活上，父母需要把家里整理得井井有条，无论多忙，都要把锅碗洗得干干净净。在学习上，更要为孩子树立榜样，制订科学的学习计划，当天的事情要当天完成，这样才能影响孩子，让孩子养成做事有条理、有计划的习惯。

茹茹回到家后，第一件事情就是打开电视机。然而，听到的却是动画片的片尾曲，动画片结束了。被老师留在教室里做作业，茹茹心里已经很难过了，现在又错过了自己喜欢看的节目，茹茹伤心得哭了起来，并向妈妈抱怨说："为什么我总感觉生活乱乱的，做了这件事情却落下那件事情，我真的烦透了……"

这就是茹茹不会安排时间的缘故。班里有一节自习课，本来可以完成一部分家庭作业的，但茹茹却在自习课上看漫画；到了家里本该是吃饭的时间，她却忙着玩网上的小游戏；早晨本该提前 10 分钟起床，这样就可以跑步了，但茹茹总是睡懒觉……无论什么时候，茹茹都是忙忙碌碌，做了这件事情忘了那件事情。

培养孩子养成做事有计划的好习惯，是一个漫长且循序渐进的过程，需要一点一滴地去提醒，去引导，去教育。很多时候孩子处理不好学与玩的关系，抵制不了玩的诱惑，又不能不完成学习任务。如果孩子在学习和生活中没有制订计划并按计划做事的习惯，他的学习、生活很可能会很混乱。我们有必要帮助孩子理出一个头绪，让孩子有时间玩，有时间睡，更不会耽误学习。当孩子养成有计划做事的习惯时，才能从容地应对学习，才能在有条理的生活中轻松成长。

对孩子来说，做事有计划是非常重要的。它可以帮助孩子有条不紊地处理事情而不会手忙脚乱。父母有必要培养孩子做事有计划的好习惯。

1.父母先要养成做事有条理、有计划的习惯

和孩子朝夕相处，家长的一言一行孩子都看到眼里，如果家长随手把围裙扔到客厅的沙发上，孩子怎么会把自己的书包放到书桌里呢？所以，要想让孩子养成生活有序的好习惯，父母自己先要做得到。

父母是孩子的第一位老师，他们的言行举止会深深地影响孩子。如果父母不注意自己的行为，随意扔东西、不整理房间，孩子很可能会模仿这些不良习惯，认为这是正确的行为方式。因此，父母应该在孩子面前表现出良好的行为习惯，例如，保持房间整洁、整理物品、遵守规定等。这样可以让孩子从父母身上学到正确的行为方式，培养孩子生活有序的好习惯。

父母还应该在日常生活中给孩子树立榜样，让孩子看到父母是如何处理生活中的各种问题的。例如，当父母需要完成一项任务时，可以告诉孩子他们的计划和步骤，并且让孩子看到父母是如何坚持完成任务的。这样可以帮助孩子理解什么是责任感和毅力，从而培养他们的自律能力。

父母也应该鼓励孩子参与家务活动，让他们明白家庭的整洁和有序是每个人的责任。可以给孩子分配一些简单的任务，例如，整理玩具、帮忙做饭等，这不仅可以帮助孩子养成良好的行为习惯，还可以增强他们的责任感和自信心。

父母是孩子最好的老师，自己的言行举止会直接影响孩子的成长。如果想让孩子养成良好的行为习惯，父母首先要做到自己遵守规则，时刻记住榜样的作用，并且鼓励孩子参与家务活动。这样可以帮助孩子养成良好的生活习惯，培养他们的自律能力和责任感。

2. 让孩子学会分门别类

让孩子学会分门别类是一项重要的生活技能，不仅可以帮助他们更好地组织自己的生活，还可以培养他们的逻辑思维能力和分析能力。以下是一些方法，可以帮助孩子学会分门别类：

（1）提供清晰的分类标准：让孩子明确知道分类的依据，例如，按照颜色、形状、大小、用途等进行分类。

（2）引导孩子观察和比较：让孩子观察和比较不同物品

的相似点和不同点，从而帮助他们更好地理解分类的原则。

（3）提供适当的分类工具：例如，提供不同的收纳盒、文件夹等，让孩子可以方便地将物品分类存放。

（4）给孩子提供分类任务：在日常生活中，可以给孩子一些分类任务，例如，让他们将衣物按照颜色分类，将玩具按照种类分类等。

（5）鼓励孩子自己制定分类标准：逐渐引导孩子自己思考和制定分类标准，提高他们的思维能力和创造力。

（6）赞美和奖励孩子的分类行为：及时对孩子的分类行为给予肯定和奖励，增强他们的自信心和动力。

让孩子学会分门别类，需要家长的耐心引导和不断练习。通过这些方法，孩子可以逐渐掌握分类技能，并在日常生活中更好地运用。

3. 让孩子把用过的东西放回原处

当孩子玩完一个玩具或用完一个文具时，他们可能会随手一扔，导致这些东西乱七八糟地散落在地上。这时候，家长需要耐心地引导孩子，告诉他们把东西放回原处的好处：不仅可以保持环境整洁，还可以避免丢失东西。

家长可以教孩子分类整理物品的方法，比如，按照大小、颜色、用途等分类。这样不仅可以帮助孩子更好地管理物品，还可以培养他们的分类思维能力。

为了帮助孩子养成把用过的东西放回原处的习惯，家长可以制定一些规则和奖励措施。比如，家长可以规定孩子每天必须把用过的玩具放回原处才能看电视或玩游戏。如果孩子做到了，家长可以给予表扬和奖励，这样可以激发孩子的积极性。

家长还可以利用一些工具帮助孩子养成这个习惯，比如置物架、收纳盒等。这些工具可以帮助孩子更好地整理物品，让他们更容易把用过的东西放回原处。

让孩子养成把用过的东西放回原处的习惯，不仅可以帮助他们管理物品，还可以培养他们的自我管理能力和责任心。家长可以通过耐心引导、制定规则和奖励措施、利用工具等方法来帮助孩子养成这个好习惯。

孩子生活毫无条理，不知道整理自己的衣物，用过的东西随手乱扔，在学习上又怎么可能做到井井有条呢？虽然怎样收拾自己的用品算不上人生大事，但是长期生活在杂乱无章的环境中必然会影响情绪。

如果孩子还没养成把物品放回原处的习惯，父母一定要及早让他明白整洁有序对生活和学习的重要意义。孩子有这方面的缺点，父母一定要想方设法帮助孩子改正过来。很多父母总是跟在孩子身后，不停地说："记住，用过的东西要放回到原来的地方。"如果苦口婆心教育孩子把东西放回原处没有什么效果，父母有必要让孩子尝尝"东西乱放，用时找不到，还得费尽周折去找"的苦果，这样的经验教训会给孩子留下深刻的印象。

从孩子上幼儿园起，紫筠就严格要求孩子把自己用过的东西放回原处，如果孩子不能做到这点，父母也不会代劳。

这样的教育方式，虽然可能会让孩子感到一些不适应和不满，但长期来看，却能够帮助孩子养成良好的生活习惯。

在幼儿园阶段，孩子们正在学习自我管理和独立生活的技能，因此，在这个阶段，父母可以通过一些简单的方式来帮助孩子养成良好的习惯。比如，在家中，父母可以为孩子设置一个固定的储物空间，让孩子自己整理玩具和学习用品，并教孩子如何分类和整理物品。此外，父母也可以在日常生活中引导孩子养成良好的卫生习惯和生活习惯，比如饭前便后洗手、按时睡觉、起床后整理床铺等。

父母事事替孩子想得周全，孩子就会理所当然地享受父母的"周全"；父母事事"不管"，则能调动孩子的潜能自己去管。让孩子这样管下去，就能逐渐管好自己。从这个意义上说，对孩子不管才是最好的管。

4. 给孩子找一个做事有条理的伙伴

当我们跟孩子强调做事要有条理时，孩子往往听不进去，并不接受我们的意见。如果我们给他找一个和他同龄，同时做事特别有计划的孩子做伙伴时，很可能会积极引导孩子效仿伙伴的好行为。

在寻找这样的伙伴时，可以从以下几个方面入手：

　　寻找有类似兴趣爱好的孩子。与有相似兴趣爱好的伙伴在一起，孩子更容易被激励，更容易投入到一起做事的过程中，从而更容易养成良好的习惯和自律能力。

　　寻找做事有条理的孩子。这样的孩子通常会把自己的时间和任务安排得井井有条，而且会认真对待自己的学习。与这样的伙伴在一起，孩子可以向他们学习如何规划自己的时间和任务，并养成良好的习惯。

　　寻找有责任心和合作精神的孩子。与有责任心和合作精神的伙伴在一起，孩子可以更好地理解团队合作的重要性，更容易与他人协作完成任务，并学会承担责任。

　　同龄的孩子更容易沟通，即使不说话，也能用彼此的行为影响对方。当孩子看到自己的小伙伴会做一件事而自己不会做时，就会激发他去学、去做的欲望。

　　做事有计划，是一个人面对工作、学习、生活的良好习惯，更是一种积极的生活态度。孩子做事有计划了，有条理了，才不会盲目、茫然，而是目标明确、高效愉快地做每一件事。

用好 80/20 法则

　　1897 年，意大利经济学家帕累托偶然注意到了英国人的财富和收益模式，于是，他就专注于这一模式的研究，并最终提出了关于 80/20 的法则，即著名的二八法则。帕累托研究发现，少数人占有世界上的大部分财富，而且这一小部分人所拥有的财富数量和他们的人口数与总人口数之间的关系是极端不平衡的。就这样，这位经济学家经过大量研究得出了一个结论：社会 80% 的财富被社会上 20% 的人占有。

同样的，如果我们付出了 80% 的努力，说明我们已经很用心地在做一件事了，却没有带来预期的效益，或者创造的收益和结果都不是直接的。而我们 20% 的努力创造出的却有 80% 的收益和结果。显然，努力和收获、投入和产出之间的关系并不是平衡的。努力虽然是小部分的，但是收获很大。小部分一般会起关键作用，这样说来，一个整体的结果、收益和成败就能够被主宰了。

以上的法则告诉我们：在主要目的上应该集中精力，这样才能在短时间内提高自己的学习和工作效率。80/20 法则在工作上也给我们指引了方向：避免在琐碎的问题上花费时间，就算你付出了 80% 的时间和精力，说不定结果只会得到 20% 的收益。重要的少数问题是你的重心，因为你只需要花 20% 的时间解决确实重要的部分，就已经取得了 80% 的成效。

安德烈亚对时间的珍惜是众人皆知的，他不浪费每一秒钟，在有限的时间里拼命工作。人们大都对他说过这样的话："我们或许都应该像安德烈亚一样珍惜时间！"安德烈亚为了圆自己成为一名出色建筑工程师的梦想，他对每一分钟都很珍惜。

他每天都要在设计和研究上花费大量时间，除此之外，还有很多其他方面的业务需要他来负责，因此，安德烈亚觉得自己工作很累。事实上，在他工作的既定时间里，乱七八糟的事情占用了很多时间。他的工作负担在无形中增加了。很多人问安德烈亚："你的时间怎么总是不够用呢？""因为我手头要忙的事情真的是很多！"安德烈亚这样告诉别人。

有一次，一名学者看见他每天忙碌的样子，却没有取得相应的优秀成绩，就谆谆地告诫安德烈亚："不用那么忙！""不用那么忙？"正是这句话，他瞬间意识到了什么。他终于知道虽然自己一直很忙，但是却很少做有价值的事情！这样不但无法完成自己的工作任务，反而限制了自己的发展。于是，他把精力放在工作重心上。很快，《建筑学四书》这部传世之作问世了。

安德烈亚总结了他成功的经验："不用那么忙！"

家长不妨和孩子花费几分钟甚至几个小时的时间去看看80/20法则。时间分配和收获之间的规律你们可以一起去好好深入探寻一下，这种不平衡关系是否真的存在。在20%的有效时间内，你们能否真正创造出80%的价值？你们快乐中的80%又是不是用20%的时间创造出来的？当在管理上应用这一法则时，最好做一个假设：某个人重要的成就——包括他的专业成就、知识成就、文化和艺术成就或表现在体能上的成就，这些成就所用的时间只是占用了生命中的一小段而已。不平衡的现象同样出现在他们用于创造成就的时间和所创造出来的成就上，不管时间这时候用的是什么单位。就算快乐可以被衡量出来，那么它们也是发生在很短时间内的，多数情况都会出现这种现象，不论时间的单位是秒、分、时，还是日、月、年。

用上述法则来表达就是，20%的时间创造了80%的成就；也可以理解为，剩余80%的时间只创造了20%的价值。人的一生中80%的快乐集中在我们20%的时间之中；换一句话来说就是，20%的快乐存在于剩余80%的时间里。如果这些假设成立，那就会得出下面这些令人瞠目结舌的结论。

结论一：所有我们做过的事情里，大部分事情价值都很低。

结论二：所有我们拥有的时间里，有一小部分时间才是最有价值的。

结论三：如果我们好好利用20%的时间，我们会发现自己能拥有无限的20%的时间。

我们总是不能了解时间。只有少部分人能轻松地理解时间的概念，而大多数不停忙碌的人们只是碌碌无为而已。我们对于时间的态度应该改变了。

只有自己愿意往下走，事情才能执行下来

执行力是孩子成长中的重要品质之一，而孩子由于没有

时间观念，往往会做事毫无效率。此时，父母就应当培养他们的执行能力，以提高效率！

懂得利用时间才能提高做事的效率，而孩子却并不知道做事效率的高低。

做事的效率，很大程度上取决于注意力的集中与否。专家认为，孩子注意力不集中的原因是多方面的，有可能是他们在生活中碰到了不如意的事，或者是跟家长闹矛盾，或者是和同学吵架，或者因为家庭经济拮据，也有可能是他们对学习不感兴趣……总之，孩子注意力不集中时，他们的脑中一定有另外一个兴奋点，这就需要家长耐心观察，从孩子的行为中猜出他们在想什么。

其实，孩子的执行力如何，跟家长的认知也有很大的关系。

如果家长认为孩子无法完成某项任务，那么孩子可能会因为这种消极的看法而感到沮丧，从而放弃尝试。另一方面，如果家长鼓励孩子尝试并相信他们可以成功，那么孩子可能会更加自信，愿意付出更多的努力去完成任务。

家长的期望也会影响孩子的执行力。如果家长期望孩子表现出色并取得好成绩，那么孩子可能会更加努力，因为他们知道这是需要实现的目标。然而，如果家长期望过高或不切实际，那么孩子可能会感到失望和沮丧，从而放弃努力。

家长的言行也会影响孩子的执行力。如果家长经常表现出懒惰和拖延的行为，那么孩子可能会模仿这种行为，从而影响他们的执行力。相反，如果家长积极地表现出高效的行为，如规律的作息时间、良好的规划和组织能力，那么孩子可能会受到启发，学会这些技能并将其应用到自己的生活中。

首先，家长需要了解孩子的能力水平，不要对孩子有过高的期望。每个孩子的成长速度和方式都是不同的，家长应该根据孩子的实际情况来设定合理的目标。对于孩子来说，成功体验是非常重要的，如果家长设定的目标过高，孩子很难达到，就会让孩子产生挫败感，反而会影响孩子的执行力。

其次，家长需要帮助孩子建立时间观念。很多孩子拖延，是因为他们并不清楚时间的价值，也不知道如何合理地安排自己的时间。家长可以通过让孩子参与家庭活动，比如制订家庭计划，分配家务，让孩子体验到时间的流逝，同时也可以教育孩子如何有效地管理时间。

再次，家长需要给孩子足够的自主权。孩子拖拉，有时是因为他们觉得自己的行动受到限制，没有足够的自由。家长应该尊重孩子的意愿，给孩子足够的空间，让他们自己去安排学习和生活。只有当孩子感到自己的行动是自由的，他们才会更愿意去执行。

最后，家长需要用积极的方式引导孩子。家长对孩子的行为进行批评和指责，往往会引起孩子的反抗和逃避，这样会加重孩子的拖延行为。家长应该用积极的方式，比如表扬和鼓励来引导孩子。当孩子有进步时，家长应该及时给予肯定，让孩子感受到荣誉，从而激发他们的执行力。

总的来说，家长在教育孩子时，应该尊重孩子的个性，理解孩子的需求，用正确的方式引导孩子，帮助孩子建立良好的行为习惯。只有这样，孩子才能真正提高自己的执行力，克服拖延的行为。

学会珍惜时间，有效利用时间

孩子的时间观念往往很差，他们很多时候不能根据问题的主次和事情的轻重缓急来安排时间，而是凭自己的兴趣、喜好来用时间，结果不但造成了不必要的时间浪费，而且还影响了正常的学习效率。让孩子养成珍惜时间、有效利用时间的好习惯，是父母教育孩子的一个重要方面。

富兰克林曾说："如果有什么需要明天做的事，最好现在就开始。"说的就是珍惜时间。人们常说，时间就是生命。要想让孩子的人生过得充实，父母需要有意识地培养孩子珍惜时间的习惯。只有让孩子好好对待、好好把握每一分每一秒，才不至于浪费时间，浪费生命。

傲傲，一个刚上二年级的学生，最近总是向妈妈抱怨时间不够用。他放学后需要坐公交车回家，路上总共需要花费30分钟，其中等车就需要20分钟。当傲傲6点到家后，他需要学习 30 分钟，6 点 30 分后，就可以开始看自己喜欢的动画片了。

晚饭时间是 7 点，傲傲会一边吃饭一边观看新闻联播。等到了 7 点 30 分，他会继续完成没有做完的功课。因为第二天需要早起，傲傲晚上 8 点 30 分就需要睡觉。

妈妈帮助傲傲想出了一个节省时间的好办法。她让傲傲把每天需要记的词语或单词写在卡片上，装在口袋里，这样就可以利用等公交车的时间或在公交车上的时间背诵、记忆，从而至少节省下 20 分钟的时间。

经过这番周密的安排，傲傲不仅把所有的事情都做完了，而且做得都很轻松。

孩子的时间不够用，往往是因为把某个时间段荒废过去了，本来在这个时候可以做自己需要做的事，但因为没有时间意识，就任由它白白地浪费了。这个时候，我们就要帮孩子统筹时间，督促孩子把没有注意到的时间利用起来。慢慢地，孩子就有了利用"缝隙时间"的意识，养成了珍惜时间的好习惯。

所谓时间就是金钱，其实时间有时比金钱还要珍贵，珍惜时间就是珍惜生命。让孩子有了良好的时间观念，就等于给了孩子美好的开端，也就为孩子以后成才奠定了基础。

首先，让孩子合理利用时间是非常重要的。合理利用时间可以帮助孩子更好地安排学习和生活，提高学习效率，培养良好的时间管理习惯。以下是一些建议，能够帮助孩子更合理地利用时间。

（1）制定时间表：帮助孩子制定一个合理的时间表，明确每天需要完成的任务，以及玩耍和休息的时间。这可以帮助孩子更好地了解他们需要做什么，以及如何安排时间。

（2）优先级排序：教育孩子如何对任务进行优先级排序，重要的任务优先完成，不重要的任务可以暂时放置。这样可以确保孩子能够把时间花在最重要的事情上。

（3）避免拖延：教育孩子要避免拖延，集中精力完成任务。这样可以避免浪费时间，提高效率。

（4）休息和放松：要让孩子有足够的时间去玩耍和休息，这样可以让他们的大脑得到充分的休息，从而提高学习效率。

（5）培养自律：培养孩子自律是帮助他们管理时间的关键。当孩子学会自律，他们就会自觉地按照时间表安排自己的时间，而无须父母的督促。

通过以上方法，我们可以帮助孩子养成合理利用时间的习惯，从而提高他们的学习效率，更好地安排他们的生活。

其次，不要把孩子的时间"管死"。任何人都需要劳逸结合，孩子更是如此。我们觉得孩子看电视是浪费时间，玩是浪费时间，只有学习是珍惜时间，其实对孩子来说，看电视、玩和学习一样，都是他们的需要，都值得占用孩子的时间。我们不能把孩子的时间"管死"，而需要做有效引导，让孩子明白，时间一去不复返，每件事情都需要在一定的时间里完成，这样更能促使孩子养成珍惜时间的习惯。

小柏痴迷的动画片马上就要上演了，他兴奋地坐在电视机前，看着有趣的片头。这时，妈妈快步走了过来，把电视机关上了，并大声呵斥道："怎么就知道看电视啊，作业做完了吗？快去做作业。"

小柏很不情愿地回到了自己的房间，但是心里却一直惦记着动画片里的故事情节，根本无法静下来做作业。两个小时过去了，小柏依然没有完成作业。妈妈发火了："你看看你，花了两个小时还没有做完作业，是动作慢还是脑子迟钝呀？"

给孩子自由支配的时间，让孩子去做自己想做的事，这样更能激发孩子学习的主动性。在时间管理上，如果父母做了合理的让步，就会换取孩子的信任和理解，这样可以为父母以后对孩子进行指导和教育做好铺垫。

再次，不帮孩子的忙，让他迟到一次。有时候，孩子去上学时拖拖拉拉，丢三落四，不紧不慢。这是缺乏时间观念，没有紧迫感，更没有危机感的表现。而出现这种情况，可能是我们帮忙太多的缘故，什么都为孩子做了，孩子自然不用着急，没有压力，也就不懂得珍惜时间了。

让孩子迟到一次可能会让他们感到不便和尴尬，但这也会让他们明白自己的行为会带来什么后果。当孩子迟到时，不要急于帮助他们解决问题，而是让他们自己面对后果。这可能意味着他们需要在课堂上面对老师的责备，或者错过了一些重要的事情。

在这个过程中，孩子会逐渐意识到自己的行为对他人产生的影响，并且开始学会自己承担责任。他们会明白，自己的行为不仅关系到自己，还会影响到周围的人。

教育往往是多角度进行的，有时候父母什么都不说，什么都不做，反而更能教育孩子，鞭策孩子。

我们要让孩子明白，时间对他有着极其重大的意义。告诉孩子，时间是他自己的，他应该为自己的时间负起责任。当孩子理解了这些，也就增强了时间观念，我们再在实际行动上给予引导和督促，这样孩子就会养成珍惜时间的好习惯。

九月
September

设定场景，拟定步骤：
帮孩子提升社交技能

教孩子学会与父母沟通

张旭的父母都是高级知识分子，但张旭的成绩一直处于及格边缘，他也因此情绪很低落，每天都无精打采。有一天，刚回到家中，父亲就把他大骂了一顿，因为老师刚刚打过电话来，说张旭的物理考试不及格，通知家长去学校商量一下提高的办法。面对父亲的责骂，张旭委屈极了！他扔下书包，就跑下楼去，在公园痛哭起来。从这以后，张旭更沉默了，什么话也不和父母说。张旭的父母开始着急起来，甚至给张旭找了一个心理医生，但收效甚微。

张旭的情况在现实生活当中并不特殊，之所以有这样的结果，很大一部分原因是孩子与父母缺乏良好的沟通。

那么，孩子为什么有话不愿同父母讲，为什么不愿向父母敞开心扉呢？

孩子不愿向父母敞开心扉的原因有很多，可能是因为他们感到害怕、羞耻、尴尬、困惑或者受到了伤害。以下是一些可能的原因：

父母过于严格：如果父母过于严格，孩子可能会感到压力和焦虑，不愿意向父母敞开心扉，因为他们害怕被父母批评、惩罚。

父母缺乏倾听和理解：如果父母没有倾听和理解孩子的感受和需要，孩子可能会感到被忽视或者不被重视，不愿意向父母敞开心扉。

孩子感到尴尬或羞耻：有些话题可能会让孩子感到尴尬或者羞耻，例如，青春期的变化、感情问题、学习问题等，他们可能会觉得难以向父母谈论这些问题。

孩子感到困惑或无助：当孩子面临一些挑战或者困难时，他们可能会感到困惑或者无助，不知道如何向父母寻求帮助或者支持。

孩子受到了伤害：如果孩子曾经在向父母敞开心扉时遭到了拒绝或者受到了伤害，他们可能会失去信任感，不再愿意向父母敞开心扉。

就在张旭的父母感到无计可施时，他们的一位朋友推荐他们尝试一下线上学习平台。张旭的父母决定试一试。他们为张旭注册了一个账号，并为他选择了一位经验丰富的物理老师。刚开始，张旭并不愿意尝试这种新的学习方式，他觉得线上学习平台肯定无法解决他的问题。但在父母的鼓励和老师的引导下，他还是决定试一试。

令张旭惊讶的是，线上学习平台的效果出奇得好。他的物理老师不仅教学经验丰富，而且非常有耐心，总是能用生动有趣的方式解释复杂的物理概念。此外，老师还会定期与张旭进行一对一的沟通，了解他的学习进度和困难，然后有针对性地给出建议和指导。

在线上学习平台的帮助下，张旭的物理成绩逐渐提高，他的学习兴趣和信心也慢慢恢复。他的父母看到他的变化，也感到非常欣慰。他们开始反思自己的教育方式，并尝试与张旭进行更多的沟通和交流。渐渐地，张旭的性格变得开朗起来，他开始主动与父母分享自己在学习和生活中的点点滴滴。

每个孩子都有自己的学习方式和节奏，作为父母，我们应该尊重他们的个性，给予他们足够的理解和支持。

导致孩子和家长之间产生距离感和不信任感的原因是多方面的，除了中学生强烈的"心理断乳"外，传统的家长专制作风和缺少科学的家庭教育观念也是重要原因。

通过调查分析，在能主动和父母沟通交流的学生中，大部分学生成绩优良，心理发育健康。自杀、离家出走、早恋等事件和现象往往发生在那些不与父母沟通交流的学生身上。孩子上小学时，有些家长还不屑与孩子沟通交流，而到了中学阶段，他们却一下子感觉到和子女之间的距离不断拉大，有的家长甚至一点点地退缩到只能管理孩子的生活起居的狭隘空间里。

还有相当一部分家长属于传统压制型和现代溺爱型的混

合体，他们很难与子女建立对等的、朋友式的关系，这样的家长对孩子的教育十有八九是失败的。

青少年时期是人生中的"暴风骤雨"时期，在孩子的教育问题上，只有了解孩子的内心世界，家长才能有的放矢，对症下药。

那么，我们家长该怎么办呢？

1. 理解

对孩子由独立意识而导致的闭锁心理，首先得有个科学的态度。我们不妨来个心理换位，回想一下自己孩子时代的生活，并以此来体察孩子的心。如此，你对上面的"为什么"就会有更切身的理解。有了对孩子的理解，"头痛"就消除了一半。

2. 沟通

我们不要以为孩子是自己身上的肉，可以任我骂由我打，不要以为自己多吃了一些年的咸盐，就可以居高临下地对待孩子，仿佛真理总在自己手中。对孩子要多来点民主和平等，努力成为孩子们的知心朋友。有关专家指出，民主型的家庭氛围、朋友式的合作关系是消除"代沟"，实现两代人交流的前提。只有这样，你才可以跟孩子有较多的沟通，才会促使孩子对大人敞开心扉。

3. 尊重

尽管我们做了最大的努力，也不该奢望孩子什么都跟我们讲。孩子作为人格独立的人，他们心中应该有一块大人不必涉足的天地，应该有一些属于自己的秘密。对此，我们只有尊重，做孩子的指导者、协商者，而不是命令者，这样一来，我们也就用不着"头疼"了。

培养孩子待人接物的能力

黄达在小区花园里踢球，邻居小莉抱着金鱼缸来晒太阳。小莉说："黄达，你可小心点，别踢着我鱼缸啊。"黄达说："那你离我远点，我可控制不好。"小莉抱着鱼缸走了。黄达说："真是小心眼儿，说一句话就跑了。"

晚上，妈妈请小莉来做客，教黄达数学。黄达马上说："我不答应，我不学。"小莉说："你怎么态度这么差？我也是好心帮你。"黄达说："你的好心我不需要。"小莉生气地说："黄达，我可是到你家做客来了，你怎么这么凶啊，我不敢招惹你了。"说完就转身走了。

黄达气呼呼地说："妈，我态度就是这样，我又没说什么，看她气成那样。"妈妈说："看来是我太惯你了，你刚才很不礼貌，把小莉都气走了，一点也没有待客的样子。"

待人接物是一门很重要的学问，主客之间的礼仪是其中很重要的内容。主客双方都应遵守规则，一旦一方未按规矩办事，另一方便会觉得对方不懂礼数，感觉受到了侮辱。主客矛盾出现，双方常常会不欢而散，正如上例中的黄达和小莉一样。因此，父母应该从小就培养孩子学会待客之道。

如何待客是反映孩子内心世界的一面镜子，父母应该给予重视，切莫以为这只是大人的事情。家里来了客人，孩子会有各种表现。有的孩子见了陌生的客人，站在角落里，不声不响，默默地注视着客人的举动，即使客人跟他讲话，他也是笑而不答，或表现得相当紧张。有的甚至躲进厨房，不肯出来见客人，显得胆小、拘谨，对客人的态度冷漠。有的孩子则相反，看到家里来了客人，便拼命地表现自己，一会儿要喝水，一会儿要吃东西，一会儿翻抽屉，甚至为了一点小事大哭大闹，显得不懂礼貌，不能克制自己，以"人来疯"的方式引起别人对自己的关注，表示自己的存在。还有的孩子在家里来客人时，能主动打招呼，拿出糖果招待客人，表现得热情而有礼貌。

孩子在家中来客时的种种表现虽然和他们的个性心理有关，但也和父母平时对孩子的教育有关。来客时表现不佳的孩子，父母对他们往往缺乏在这方面的培养和训练，在接待客人时，忽视了孩子在家中的地位。那些在家中来客时表现较好的孩子，父母往往比较重视在这方面的培养，让孩子和父母一起接待客人，孩子逐渐地消除了对陌生人的紧张心理，学会了一些待人接物的方法，表现得落落大方。由此可见，让孩子共同参与接待客人的活动至少有以下几个好处：

第一，有利于培养孩子的主人翁感。孩子在参与接待客人的过程中，体会到自己和客人的地位不同，自然会产生一种自豪感和责任感，他会比平时小心谨慎，殷勤百倍。

第二，有利于培养孩子礼貌待人的好习惯。要接待好客人，让客人满意，孩子就必须在语言行为上都讲究礼貌。接待客人实质上是给孩子提供了礼貌待人的练习机会。

第三，能使孩子学到一些待人接物的方法。

最初，孩子是不会接待客人的，这就需要父母的帮助和引导。怎样培养孩子接待客人的能力呢？

1. 让孩子做好心理准备

在客人尚未到来之前，父母应告诉孩子，什么时间，谁要来。假如客人是第一次上门，还要告诉孩子，客人与父母、与孩子的关系，该如何称呼，使孩子在心理上做好接待客人的准备。

2. 共同做准备工作

父母可以和孩子一起做接待客人的准备工作，如打扫房间，采购糖果，和孩子共同创造一个欢迎客人的气氛。

3. 指点孩子接待客人

父母除了自己热情招待客人以外，还要指点孩子接待客人，让孩子感到自己是家中的小主人。例如，客人来了，父母要指点孩子招呼每一个人，请客人坐，请客人吃糖果，还可以让孩子把自己的玩具拿出来给小客人玩，把自己的相册拿给大家看。

4. 学着与客人交谈

父母应鼓励孩子大方地回答客人的问题，提醒孩子别人在讲话时不随便插嘴。如果孩子在某一方面有特长，可以提议让孩子为客人展示，以营造一种轻松、愉快、热烈的气氛。

5. 根据孩子的特点提要求

在让孩子学习待客之道时，要注意根据孩子的特点提出要求，不要强求孩子做不愿意做的事。例如，对胆小怕事的孩子，要求简单些，可以让孩子与客人见见面就行，以后再逐步引导，提高要求。对于"人来疯"的孩子，父母应先让他离开一会儿，等其冷静下来后，再让他和大家在一起。切忌在客人面前大声训斥和指责孩子，以免伤害孩子的自尊心。

6. 评价孩子在客人面前的表现

客人走后，要及时评价孩子的表现，肯定好的地方，指出不足的地方，并要求孩子今后改正，使孩子接待客人的能力逐步提高。例如，以前孩子会表现出"人来疯"，可是今天很懂事，父母就应及时表扬他的进步，并要求以后客人来时他要和今天一样。让孩子在陌生人面前表现得落落大方，对人有礼貌是每一位家长的共同愿望。但在现实生活中，孩子有害羞而不愿意主动跟他人打招呼、进行交往的表现，只要不过分，也是很正常的。作为家长要求他"有礼貌"，但这种"礼貌"在孩子看来有时是难以理解的。越是强求，他越反感。培养孩子有礼貌，有效的手段不在于督促孩子"叫人"，而在于平日里家长是否做到尊重、平等、有礼，通过以身作则来影响孩子。

培养孩子与同学沟通的能力

晓通从小就有个志向：做一个演说家。在他的心目中，会演讲的人都是他的偶像。

在他看来，这些人能够成功说服人，是因为掌握了一定的技巧。

妈妈知道他的爱好后，也非常支持他。母子俩常去书店，看到好的书，都要买回来。晓通不仅看，还积极去实践，也像个小演说家了。班上竞选班委，他一上台，就博得了大家的喝彩。大家都喜欢听他演讲，觉得很有感召力。

常有人向他请教演讲技巧，晓通总会把自己总结的经验都无私传授给他。妈妈常鼓励他，也帮他总结经验，使晓通越来越有信心了。

晓通也善于与他人交往，善于与他人沟通，总能将话讲到对方的心里去，让人听了很舒服。他的沟通能力对他处理好人际关系有非常大的帮助，这使得他有很好的人缘。

在孩子的成长过程中，善于沟通这项技能让其受益最多。孩子要想办成一件事，就不得不去沟通。如何高效简洁地传递信息，如何迅速感染、说服他人，需要各种交际技巧。

如今的社会，是一个信息量多并能快速传播的社会。一个人不善于交际，不能迅速、清楚地传达个人的意愿，就很容易被淹没。孩子要想立足于社会，就得尽快掌握交际技能，才能充分展示个人价值。

任何一种技能，都是在理念指导下不断实践获取的，交际技能也同样如此，理论和实践二者缺一不可。父母要认识到这一点，给孩子最好的指引。

1. 支持孩子学习理论知识

人际交往是一门学问，有大量的理论和实践书籍报刊等，孩子要提升人际交往技能，可以向书籍请教。父母可以给孩子列一个书目，让他先补足理论课。父母也要学习相关理论知识，这样才能高效地指导孩子的交流活动。

要让孩子学习交际理论知识，就要多读演讲大师的书籍，父母应从物质上支持。把人际交往当成一门学问来学，孩子才能成绩显著。如果只是出于一时爱好，不注重基础的理论，这样的人际技巧只是皮毛，难以让孩子有长足的进步。

2. 鼓励孩子参与社会交际活动

有了理论做基础，还要让孩子增加实战经验。学校里、社会上，常常会有这种实战机会，如班委选举、学生会选举、义务活动的宣传等。这些活动都是磨炼交际技能的战场。

学校要组织一次"环保一日行"的活动，赵军回家跟妈妈说他想参加，妈妈大力支持。妈妈说："要钱要东西，你尽管说。"赵军说除了生活费，还需要妈妈帮忙借自行车。赵军想组织一个小团队，骑自行车，挂旗帜进行跨城宣传。

第二天赵军就忙开了。义务报名的同学，被编成了两个分队，赵军组织大家一起商讨路线，女生负责制作旗帜、写标语等。赵军经常组织各种活动，被推选为此次活动的队长。赵军热衷于这类有意义的社会活动，由于在活动中会有许多与人交流的机会，所以也使他轻松掌握了人际沟通的技巧。

孩子的交际技能，需要在大量交际活动中历练。学校里、社会上，只要有这种活动，父母都要鼓励孩子积极参与。在这些活动中，如何协调人员，如何组织分配，每一个环节都离不开交际。孩子多历练，这种技巧才会越来越熟练。

3. 给孩子提供展示舞台

学校或社会的活动机会也是有限的。父母可以创设场景，给孩子提供锻炼机会。例如，常举办家庭联谊会，让孩子来安排；家里常请客人来玩，让孩子来接待；常请小朋友来玩，增加孩子们的交流机会；常组织社区游戏，让孩子积极参与等。

程小莱有些胆小，遇人不爱说话。妈妈知道，这是因为孩子的生活环境太封闭了，与人交流的机会太少。妈妈开始留心小区有哪些孩子和他同龄，有机会妈妈就主动和他们联系，帮小莱结交朋友。一段时间以后，小莱家里常有小朋友来访。

周末到了，妈妈约上几家人，一起带孩子去广场做游戏。

无论是玩球，还是玩车，小孩子在一起，总是特别高兴。有了同龄人的陪伴，小莱也变得活跃多了。在路上见到熟人，小莱还会高兴地打招呼。

有些孩子不善于交流，不喜欢交流，这种现象的出现，与孩子的居住环境有关系，与父母太忙也有关系。父母要锻炼孩子的交际能力，就得让他多与同龄人交往。方法总是有的，只要父母多费点心，就能创设出许多场景，让孩子得到锻炼。

4. 鼓励孩子向高手请教

年龄较大的孩子，要想提高自己的交际技巧，不妨向高手请教。孩子的朋友、同学中，有谁人缘好，有谁会演讲，都可以去请教。孩子自己也可以去观察、总结一下，他人的经验是什么。

生活中，如果孩子对这类高手流露出羡慕之情，父母可及时鼓励他，让孩子大胆去向高手请教。这些高手的交际技巧更通俗，更自然，也更容易学。孩子要提高自己的水平，一定不要忽略这一学习途径，多观察揣摩，就能学到不少技巧。

培养孩子的领导能力

程明是小学生，老师让大家自我推荐竞选班干部。程明回家和妈妈商量，有班长、劳动委员、纪律委员、学习委员、音乐和体育委员以及各科小组长。程明想当劳动委员，任务是分配每天的值日工作。

妈妈听后却说："这个活又脏又累，你还是别当了。"这样一来，他就放弃了竞选劳动委员，但是其他的班干部职位，程明都觉得自己能力不够，不是最佳人选。班干部成员马上就选出来了。

不久后，班干部们就带领小朋友们开展各种活动。程明看着班委们很有领导气势，带着小朋友们一起完成各种活动任务，顿时觉得自己形单影只，后悔没有竞选劳动委员。

在这个案例中，程明的妈妈错过了培养孩子领导能力的一个好机会。

什么是孩子的领导才能呢？

一群十一二岁的女孩在美国华盛顿卡斯德山脉郊游时迷了路，她们惊恐万分，有的女孩哭着说："大人们不会找到我们了，我们都会死的。"而11岁的埃文托丝坚定地说："我们不会死。我听大人说，顺着小河走，就会走到大河，然后就可找到城镇。请大家跟我走。"她们沿着河边灌木丛艰难跋涉，终于听见了有人说话的声音。孩子们齐声呼救，被人们救了出来。

你的孩子像埃文托丝那样吗？如果像的话，那说明你的孩子有领导才能。

领导才能不是天生的，而是后天培养出来的。有领导才能的孩子主动性强，好奇心强，机智勇敢，喜欢尝试新的活动并起带头作用，有一定的号召力，有热情，有感染力，充满朝气。孩子们也是喜欢当"头头"的，在打仗游戏中，孩子们常为了谁当"头头"而争执不休。当上了"头头"，孩子从中找到了一种感觉，也把别人都听自己的当作一种荣耀。

父母在培养孩子领导才能时应做到以下几点：

1. 鼓励孩子在课堂上踊跃发言，表达自己的想法

让孩子多采用"我认为""我想"等句式，以突出孩子的自我意识和责任意识。

2. 教会孩子在大庭广众之下自如地表达

这要求孩子掌握相关的发音技巧，以及姿势与神态的运用方法。

3. 给孩子一个机会

领导才能需要在实践中磨炼。要让孩子在他自己感兴趣的领域里锻炼，如有些孩子是室外玩耍的"头头"，有些孩子是课堂上的组织者。

4. 家庭"虚拟"领导才能训练

训练孩子学会如何安排会议、如何引导与会者讨论、如何组织课堂讨论。可让孩子主持家庭会议，最后让他进行总结。

5. 倾听孩子的梦想

领导者有丰富的想象力，并能合理地分析解释问题，从

而影响别人，为其他人指明方向。所以，应鼓励孩子从小就怀揣梦想。

6. 预测思维训练

当孩子遇到困难来谋求帮助时，父母不必马上去办，而应鼓励孩子："你能再想想别的办法吗？"教他从另一个角度去思考和解决问题。预测思维是领导才能的标志之一，要让孩子学会反问自己："如果我去干那件事会怎么样？"

7. 鼓励孩子去争当班干部

家长应适时鼓励孩子争当班干部，并提供相应的指导。

让孩子学会和老师相处

小敏的学习成绩一直不错，但是初二开了物理课后，她发现自己对物理根本不感兴趣。有一天，在物理课上，老师叫她回答问题，小敏没有回答上来，老师很严厉地批评了她，说她没有好好复习。小敏很委屈，觉得这个老师太严厉，让她在同学面前丢了面子。

回家以后，小敏和妈妈说："我讨厌我们的物理老师！"说完就伤心大哭。妈妈看到小敏那么伤心，就说："明天我去找找你们班主任，让他和你们物理老师谈谈。实在不行，咱们就请一个家教。"小敏害怕这件事给自己带来负面影响，拉着不让妈妈去。但从此以后，小敏对物理老师是敬而远之，对物理更是一点学习兴趣也没有，物理成绩越来越差，成为物理老师头疼的学生。

孩子不断成长，需要处理各种各样的人际关系：同伴关系、师生关系等，而父母在看到孩子在这些关系中受到委屈时不禁想要为孩子"伸张正义"。但是社会是现实的，父母也不可能一直陪伴着孩子，所以应当允许孩子接触生活的方方面面并教会他们如何应对，而不是将他们与真实世界隔离开来，用父母的希望来操纵现实。正确的做法是让孩子自己与他人打交道，父母适当地给予正确指导，帮助他们提高处理各种关系的能力。

青春期的孩子，特别在乎自己在同伴心目中的形象，像小敏这样的孩子所处的阶段有一种奇特的现象——"假想观众"，她会感觉自己的一言一行好像都在舞台上表演，而周围的人都是她的观众，所以当众受到老师的批评会使她很难堪，尤其是一个学习成绩不错的女孩子。另外，小敏的物理薄弱，对物理老师的逆反，使她有借口逃避困难。而父母的干预——找班主任谈、请家教，只能助长她对物理老师的反抗，使她更理直气壮地不好好学习物理，因此成绩越来越差。

那么，怎样才能让孩子与老师正常交流呢？

1. 尊重孩子，让孩子发表对学校和老师的看法

当孩子与老师有矛盾时，父母首先要以一种温和的态度与孩子交谈，不要制造压力，而要让孩子在宽松、自由的氛

围中发泄对老师的不满，这种发泄还可以起到一种平衡心理的作用。父母认真倾听，孩子会感觉到自己得到了重视，就会毫不隐瞒地把自己的态度、抵触老师的原因讲出来。等孩子的情绪稳定下来之后，父母再与孩子一起冷静地分析事情的利弊，客观地看待抵触情绪。如果问题的主要原因在孩子，就要合理利用孩子争强好胜的心理，因势利导，帮助孩子认识到自己的错误，提高孩子认识自己缺点的能力。

2. 让孩子学会从老师的角度思考一下问题

切忌让孩子无条件地服从老师，这样只会加剧孩子对老师的反抗。有的父母仅仅站在孩子的角度思考问题，过分溺爱孩子，甚至与孩子一起指责老师，更甚者跑到学校里与老师大吵一番，其结果只可能更糟。孩子的认识有时候有偏激的一面，很容易以自我为中心，仅站在自己的角度看问题。在这点上，父母要学会培养孩子的同情心，也可称之为换位思考，与孩子一起站在老师的角度重新审视，必要时还可以创造场景以体会老师的情绪和难处，让孩子学会多体谅别人，为他人着想。这样的话，在家中就可以改善孩子和老师的关系，减轻孩子对老师的抵触情绪。教孩子学会尊重老师的同时还要鼓励孩子有想法，善于提问题，因此，教给孩子一些提意见的策略和技巧也是必不可少的。

3. 与学校及老师进行沟通，积极配合老师教育好孩子

有一些孩子，在学校里与在家中的表现迥异。在家里非

常勤快，又懂事又听话，是一个很乖的孩子。可一到学校，就情绪低落，不爱学习，表现糟糕，经常受到老师的批评，也经常顶撞老师。究其原因，家庭与学校教育方式的差异导致了孩子的这种反差极大的性格表现。在这时候，父母要主动地、心平气和地与老师沟通，向老师提供孩子在家的一些日常情况，让老师也了解孩子行为表现的另一侧面，对孩子的行为有一个全面的评价。父母要与老师一起分析双方在教育孩子的方式上存在的差异，求同存异，让孩子很好地适应学校生活。

4. 教育孩子尊敬老师

柴可夫说："教师毫无保留地献出自己的精力、才能和知识，以便在对自己学生的教学和教育上，在他们精神成长上取得好的成果。"教师甘做人梯，这种奉献精神是伟大的。每个孩子的成长和每一次进步，都凝聚着老师的汗水和心血。特别是特殊学校里的学生，他们的每一个手势，发出的每一个音节，无不浸透着老师的心血和艰辛。所以孩子应该尊敬老师，爱戴自己的老师。

5. 教育孩子以主动、热情、诚恳的态度与老师交往

一位教师要面对许多的孩子，因此难免对孩子照顾不周，体察不到某个孩子想与老师沟通的需要。如果孩子主动向老师"进攻"，把埋在心里头的事情坦露出来，有困难向老师求助，学习上遇到难题向老师请教，主动与老师探讨人生哲

理……是能够得到老师的帮助、理解和信任的。切记，千万要争取主动，别错过与老师交谈、探讨和向老师请教的机会！这样孩子才能真正与老师交朋友，才能更快地进步，迅速地成熟起来。

6. 教育孩子要以正确的态度接受老师善意的批评

现在，有些孩子对老师的批评感到反感，甚至有抵触情绪。他们认为老师管得太严，态度苛刻，觉得在学校不自由。严，正是老师爱孩子的表现。没有哪位老师不爱自己的学生、不希望自己的学生成才的。老师要在尊重学生、爱护学生的基础上，通过恰当的方法和手段，培养学生一丝不苟的治学精神和实事求是的科学态度，培养学生良好的思想品德和行为习惯，这是教书育人的需要。不严，何以能治学？不严，何以能育才？我们应该教育孩子理解老师的苦心，正确对待老师的批评，诚恳接受老师的指导和严格要求，从而确立良好的师生关系。

当然，与老师建立良好的交往关系，在于师生双方的共同努力。而家长要做的是，正确教育孩子打开心灵之门，要用尊重、热情、真诚、理解和爱去架设沟通师生心灵的桥梁。

教孩子学会与异性交往

一次家庭教育报告会之后，一位年轻的母亲说："我的儿子上小学二年级，有一天晚上认真地对我说：'妈妈，我有女朋友了。'我问是谁，他回答：'是芳芳，我们俩可好了。''你们好到什么程度？''都亲过嘴啦！'"这位母亲述说这件事时，态度平静。

显然，她认为这是孩子天真地模仿大人的表现，假如是一个小学高年级或初中学生对母亲说了同样的话，家长肯定会非常生气、紧张、焦虑。事实上，小学高年级或中学的孩子是不会对家长说这些话的，即使他有过"交朋友"的经历。这就给我们提出了一系列问题：男孩和女孩该不该交往？家长应该怎样进行教育指导？会不会发生早恋现象？影响了学习怎么办？

我们首先应该明确：交往是人的基本需要之一，是人的重要能力，没有交往，人不能发展。同性交往和异性交往对人都是重要的。交往能力应该从小培养，否则可能造成交往能力低下，那样的话，对孩子有百害而无一利。

绝大多数家长都知道人际交往能力的重要性，所担心的是，孩子与异性交往可能会出现早恋，甚至学坏，影响学业。家长们的担心有一定道理，因为确实有一些小学高年级和中学的孩子过早地"谈朋友"，给他们带来不良影响。

为了既能正确引导孩子与异性交往，又能避免早恋，在这里有必要把孩子们青春期的异性交往发展特点做些说明。据专家研究，孩子们青春期的异性交往发展特点分为四个阶段：

第一个阶段是"朦胧期"：女孩子从 9 岁到 11 岁，男孩子从 10 岁到 12 岁，是性意识的朦胧期。此时男孩和女孩性机能尚未成熟，但已确认了自己的性别角色，对性别差异敏感。男孩和女孩在一起感到拘束、害羞，往往采取疏远和躲避的态度。

第二个阶段是"爱慕期"：女孩子在 11 岁到 13 岁，男孩子在 12 岁到 14 岁。此时，男孩和女孩在一起觉得有意思，异性之间互相观察、欣赏的兴趣增加，注意异性的谈话、表情、动作，而且开始注意自己的服饰、举止，想给异性留下好印象。对于异性之间的接触，往往自觉不自觉地浮想联翩。然而，此时异性之间的好感是泛泛的，没有具体对象。

第三个阶段是"初恋期"：女孩子从 13 岁到 15 岁，男孩子从 14 岁到 16 岁。这时，男孩与女孩的性机能都已成熟，对性的体验明显增加，内心开始萌发初恋的"幼芽"，在年龄相近的异性中，发现较喜爱的对象，给予特别的注意与关心，寄予特有的期待。感情上希望多接触、多交往，而理智上又有种种顾虑。有的孩子，此时的注意力可能在几个异性身上徘徊。这一阶段，孩子更注意自己的外貌和打扮。

第四个阶段是"钟情期"：钟情，就是很专一地倾慕、爱恋某个异性。这个阶段一般在初中时，男孩子比女孩子晚些。此时，往往出现"痴情男女"，一旦倾心相爱，便不顾一切。由于涉世未深，对人生没有充分认识，往往容易陷入庸俗低级的趣味之中而难以自拔。一旦受挫，会意志消沉，产生厌世心理，有的还可能走上放纵自己的道路或者轻生。

以上是孩子们青春期异性交往的普遍性发展特点，而每个孩子会有自己的特殊性，家长应该随时观察了解孩子的表现，给予及时正确的引导。

这里，我们给家长提出几点参考建议，家长可根据孩子不同年龄段的特点，超前教育引导，防患于未然。

对于处在"朦胧期"的孩子，要引导他们正视自己的性别角色，在与异性同龄孩子的交往中要大方、诚恳，克服拘束、害羞心理，而与成年异性交往，不宜过分亲昵。父亲对于女儿，母亲对于儿子要特别注意，适度亲近，不要过分。

对于处在"爱慕期"的孩子，要教育孩子尊重异性和自我尊重，注意自身的仪表和文明礼貌，多关心班集体的事情，为集体出力，男女同学坦诚合作，不随便盯看异性同学。孩子在这时期正是性渐渐成熟的时候，家长要配合学校进行科学的性生理教育，正确对待性生理现象，避免产生紧张和好奇。家长要认认真真、大大方方地给孩子讲有关知识和正确对待的方法。

对于处在"初恋期"的孩子，家长要教育引导他们多参与群体活动，尽量减少与异性同学单独接触的机会，特别是不要跟某一位异性同学过多地单独接触，避免萌发初恋之情，牵扯精力，影响学业和全面发展。教育孩子与异性交往注意自己言行，不随便逗闹，不动手动脚。

对于处在"钟情期"的孩子，要教育他们全身心投入学习和集体生活，用意志力克服自己与异性交往的感情需要，树立崇高的人生理想，做有远大抱负的青年人。让孩子懂得"战胜自己，超越自己"是成人成才的关键。要正面严肃地对孩子进行婚恋观的教育，排除不正确思想意识的干扰。

父母要规范自己的言行，给孩子以积极的影响。夫妻之间感情和谐又不失互相尊重，不说带有性别歧视的话，诸如"女人头发长见识短""男人都特别坏，没有好东西"之类。在实际行动中，表现出对对方的关心与人格的尊重。在孩子面前，不做过分的亲昵动作，不穿过于暴露的衣服。在与家庭以外的人接触中，作风正派。

有的家长对孩子与异性的交往不闻不问，顺其自然；也有的家长严密监视，捕风捉影，随意训斥。这两种极端做法都是不对的，很难使孩子形成正常的与异性交往的能力。

父母应把孩子与异性交往的问题纳入家庭教育计划，认真学习一些东西，思考教育引导的具体方法和措施，坚持正面教育为主，可以把自己少年、青年时期的经验教训讲给孩子听，引导孩子走好人生之路。

对于确实出现早恋苗头的孩子，不应盲目苛责，强制压服，避免不良后果。

有的中学生确有早恋苗头，单独约会，卿卿我我。家长知道了，往往怒火中烧，采取强迫措施，严厉对待，棒打鸳鸯。这样做往往适得其反，导致不良后果。正确的做法是，克制、调整自己的情绪，与孩子谈心，了解情况，引导孩子说出心里话，给孩子分析利弊，以长远的目光来调整他的认识和行为。要让孩子认识到，春天有春天的事情，夏天有夏天的事情，不要把夏天的事情提前到春天来做，那样害处太多。同时把解决问题的主动权交给孩子。之后，要经常了解情况，及时帮助指导。家长要始终保持坦诚、关切、严肃、认真的态度。

怎样对待孩子之间的争执

迪迪和萧萧都满7岁了，同上小学一年级。据老师反映，这两个孩子都属于个性比较强、不太听话、坐不住的类型。迪迪的个头矮小，十分调皮；萧萧个儿高一些，稍微老实点。平时两个人玩得挺不错的，偶尔在一起时有小打小闹情况，但老师都及时制止了。

这一天放学后，好多小朋友都想在学校中多玩一会儿，来接孩子的父母只好等在旁边。这时，突然从滑梯上传来吵闹声，正是迪迪和萧萧。

"我要先滑！"

"应该我先滑！"

只见两个人一边嚷着，一边推来推去，互不相让。迪迪虽然个头小，却一点不弱，一把将萧萧推到了旁边，自己先向下滑去。萧萧当然也不甘示弱，也紧跟着滑了下来，在迪迪还没有站起来之前撞了上去。这一撞把迪迪一下子就撞到了地上，他哭着从地上爬起来，冲向了萧萧。于是，两人扭打在了一块儿。

迪迪的妈妈看到自己的孩子被人欺负，一团火顿时从心中升上来，冲过去一把将萧萧拉开，凶巴巴地对萧萧说："你这孩子怎么这样没教养！把别人撞倒了不说，还要打人。真是的！"

萧萧看见大人显然吓坏了，怯生生地回答说："是迪迪先推我的。"

"你这孩子，小小年纪，打了人还要狡辩。怎么了得！"迪迪的妈妈絮叨着。

萧萧的妈妈突然看见自己的孩子正被一个大人数落，心里很不是滋味，气愤地冲迪迪的妈妈嚷嚷："你这么大个人了，怎么跟小孩子一般见识，冲他嚷什么呀！"

"你眼睛长到哪里去了？没看见是你的孩子在打人吗？"迪迪的妈妈横眉冷对。

"那又怎么样？怕被人欺负就不要让他出门啊！没素质！"萧萧的妈妈也不甘示弱。

在这个案例里，因为孩子间的一点小打小闹，两个大人却吵得天翻地覆，最后竟然还你推我搡的了，把两个孩子吓得呆呆地站在一边不知怎么办才好。幸好几位老师及时来了，才将事情平息下来。当两个妈妈还在生闷气的时候，两个小东西早已重新爬上滑梯，又高兴地玩起来了。

处理孩子之间的矛盾，家长一定要注意方法，过于疼爱和过于严厉都是不可取的。因为对孩子的迁就与疼爱而去替他撑腰，很容易助长孩子的攻击性，使孩子养成欺负弱小的习惯。而对孩子太严厉也不能收到很好的效果，因为孩子也有自己的感受，如果他得不到发泄，很容易造成心理扭曲，这样不仅伤害他的自尊心，还会让孩子没有自我保护的意识，从而变得胆小懦弱，导致他遇事不能自己处理。所以，家长们一定要注意把握一个度，让孩子的生理与心理都能健康成长。

怎样教孩子正确处理小朋友之间的争端呢？

1. 正确引导孩子的自卫心理

小孩子在被人欺负后心里会很不舒服，就想立即还击，甚至会动手。这是孩子的一种自卫心理，大人要让孩子树立自我保护的意识，但要教育孩子不能动手打人，更不可主动去攻击别人。在这件事上迪迪的妈妈就做得欠妥。当看到儿子被撞后，她不是给以安慰而是去责备别人的孩子。如果发生这种事情，可以将自己的孩子拉开，问问他的感受或替他说出感受，让孩子明白父母是知道他的感受的。接着就要做正确的引导了，比如你可以说："他撞了你，你很疼，那你打了他，他不也同样会很疼吗？"孩子从中找到平衡，很快就会将一切丢到脑后，愉快地玩耍了。

2. 让孩子认识到自己的错误，并学会主动道歉

作为萧萧的母亲，她要做的是让孩子知道不管前面是谁先不对，但撞人本来就是不对的。就算是无意的，也应带孩子去向别人道歉。可以对孩子这样说："我知道不是你先动的手，可后来你却把人家撞疼了，这就是你的不对。去跟小朋友道歉，好吗？做好朋友不是更好吗？"孩子是会接受你的建议的。

3. 以平常心对待孩子之间的摩擦

孩子之间是很容易起摩擦的，这不值得大惊小怪。家长不要对此斤斤计较，在问题不是很严重的情况下最好不要插手，说不定这样更有助于增进孩子间的友谊，促进双方的了解，从而成为好朋友。如果问题比较严重，家长也只宜采取劝阻的方法，不要去添油加醋，从而促使矛盾进一步恶化。最好能将自己的孩子带走，对他进行安抚以及引导。

帮孩子找到真正的益友

读初二的苏哲这一段时间里铅笔盒中总是堆满了圆珠笔

和钢笔，父母都很奇怪：平常没给他多少零花钱，他哪里来的那么多笔？问苏哲笔是从哪里来的，苏哲说是班里的同学给的。父母很怀疑，同学怎么可能无缘无故地给苏哲笔呢？再追问下去，苏哲才吞吞吐吐地说出了真相。原来苏哲班上有几个学生家离学校特别近，他们不知道怎么知道了学校门口商店的仓库位置，这个仓库是铁皮的，他们将铁皮弄开了一个口，然后每天晚上约好去商店仓库用钩子将东西钩出来。把东西弄出来后，再用铁皮把那个口掩护起来。他们把一部分文具、食品等东西分给班里的孩子，并且威胁他们："绝对不能告诉大人或者老师，否则要你们好看！"

　　苏哲父母一听说这件事情非常惊讶和担心，孩子居然是在这样一个环境里面读书，假如这几个孩子将苏哲带坏了可怎么办？

　　在这个案例里，苏哲父母的这种担心是十分正常的，因为自古就有名言"近朱者赤，近墨者黑"，又说择友如染丝，"染于苍则苍，染于黄则黄"。每个孩子的周围都或多或少地存在一些道德品质有问题的人，如果孩子缺乏一些择友的原则，很有可能会同流合污。但不是每个孩子都会变坏，重要的是孩子自己是否有分辨能力，他是否真的把这些孩子当作朋友，效仿他们呢？所以，对于这种情况，最根本的解决方法就是教会孩子选择什么样的人做朋友。

　　像本案例中的情况，家长要做的第一件事情肯定是通知学校，因为苏哲的几位同学的行为已经构成了违法犯罪。同时，对苏哲的交友观要进行教育，防患于未然。

培根说："朋友之间可以从两个方面提出忠告，一是关于品行的，一是关于事业的。"朋友在品行方面的苦口婆心及良言相劝，会帮助在迷雾中的知己得到安慰和疏导。对于自己孩子的交友情况，父母要注意帮助孩子选择真正的益友。

对于交什么样的朋友，一般来说，有以下几种：

1. 交志趣相投的朋友

志趣相投是交友的首要标准，所谓"道不同，不相为谋也"，只有志趣相投的人在一起才会建立起牢不可破的友谊。

2. 交品德良好的朋友

交朋友应该交正直的、诚实的人，不能交那些虚伪的、花言巧语的，甚至违法犯罪的人。比如这个案例中的苏哲父母，就要教育他不能与班级里面从事偷盗活动的同学为友。

3. 交比较可靠的朋友

就是说要结交那些能够指出自己的过失、患难与共的人。"人非圣贤，孰能无过"，做事情的时候，能够有朋友提出一些宝贵意见，有了错误，朋友能够及时指出来加以改正，是人生一大幸事。

4. 交优秀的朋友

在下围棋的时候，一定要跟比自己棋艺好的人下，才能够提高得比较快。交友之道也是如此，与优秀的人交朋友，有利于自己能力的提高。

父母在传授交友之道时，也要关注孩子身边的朋友，帮助他分析周围的同学，提高分辨能力，以免交上"损友"，给孩子带来不好的影响。

孩子被朋友误会怎么办

琪琪是一所普通初中的学生，平常性格内向。有一次放学后，琪琪走到校门的时候，被同桌和另外几位同学拦住了，同桌先是开玩笑地说："琪琪，你今天说了什么话了？"

琪琪很奇怪地问："什么话？"

同桌很生气地说："我昨天对你说的我堂妹的事情今天怎么别人都知道了？害得她今天来找我算账！"

琪琪委屈地说："我确实没有说，你让我不要告诉别人，我当然不会告诉。"

但是同桌不相信，说出了很多有辱人格的话，认为琪琪是个小人，不值得相信。双方争执了很长时间没有结果，不欢而散。这件事情让琪琪极为恼怒，认为同桌不相信自己，是对自己人格的侮辱。琪琪对同桌充满怨恨，认为同桌让自己在同学面前丢了脸，回到家后痛哭不止。家长觉得不就是没保守秘密吗，也没什么大不了。琪琪哭着说："你们根本就不懂！"

同学之间发生误会是很正常的事情，有一些小误会可能仅仅是让大家心情不愉快，过一段时间就忘记了，但是有一些误会则可能给当事人带来很大的伤害。琪琪这个阶段的中学生开始非常注重友谊，朋友之间会分享一些秘密。但是朋友之间相处是有一定原则的，比如保密原则，如果谁违背了，就失去了交朋友的资本。所以琪琪遇到的这个问题，如果不妥善解决，肯定会对其同学关系和名誉都造成比较大的伤害，而父母肯定没有想到有这么严重的后果，所以琪琪才会说"你们根本就不懂"。但是琪琪之所以被同学误会，实际上是她的同桌胡乱猜疑的结果，并没有实际的证据。

朋友间相处不光是温情和欢笑，不光是你好、我好、大家好。朋友间也会出现矛盾，矛盾是友情的试金石，是对朋友关系的考验。经不起这种考验，朋友也就散了；经受住了这种考验，朋友间的感情就会更加深厚。面对朋友间出现的矛盾，应立足长远，冷静思考，积极化解，不要轻易地抛弃朋友。与朋友相处要讲情，不要讲理，尤其在遇到矛盾时更应如此。朋友无缘无故地发脾气时，你不应该只考虑自己的面子，跟她据理力争，那样你们之间就不是朋友关系了。

朋友间闹误会，当事情过去以后，双方冷静下来了，应该放下面子，敞开心扉，坐下来好好谈一谈，谈一谈当时自己的想法和冲动，谈一谈自己的寂寞和悔恨，谈一谈曾经有过的快乐和忧伤——相信随着话题的扩展，你们对彼此的了解会更加深入，你们的心也会贴得更近。

对于这种误会，父母可以这样做：

1. 劝导孩子坦然面对

如果事情确实如孩子所说，那么真相总有澄清的那一天，只是时间的问题。所以，误会发生后，不妨冷静地面对，因为即使现在极度伤心难过也于事无补，不如自己进行一些活动放松宣泄一下，家长也可以陪伴孩子参加一些他们喜欢的活动，把这件事情暂时放在脑后。

2. 找出原因，做出解决

在坦然面对的同时，要冷静思考这件事情的原因，找出解决的办法。琪琪可以平心静气地和同桌面谈，讨论一下当天的情况，分析一下是否还有别人知道这些事情，当时两人说的时候是否有别人听见。如果两人还是无法解决问题，可以借助老师的力量来调查这件事情。

孩子被朋友排斥怎么办

星期二是顾伟所在学校的"家长开放日"，顾伟的妈妈一大早就来到儿子所在的班级听课。

下课后，顾伟的妈妈站在教工办公室的窗前观察儿子的表现，发现平时在家喜欢说笑的儿子，课间休息时一直没有玩伴。操场上，很多孩子三个一群、五个一伙地在玩耍，顾伟却一直是孤零零一个人。有时，他在欢乐嬉戏的同学身旁徘徊。从他那羡慕的眼神来看，顾伟是很想加入同伴行列的。顾伟的妈妈在不同的课间休息时间观察了三次，情况都差不多。她隐约觉得自己的儿子正受到同学的排斥。

中午休息时，她赶紧找到儿子，问他为什么不和其他同学一起玩耍。顾伟小声回答："他们不愿意和我玩。"妈妈问他为什么，他却摇摇头说："我也不知道。"

在这个案例中，很明显，顾伟小朋友在同学之间受到了排斥。

孩子到7岁以后，开始脱离父母的影响，越来越看重同学之间的友谊。如果孩子失去朋友，或者不被同伴所接受，容易产生不满、自卑等情绪，并出现社交退缩，把自己封闭起来。同时，由于对自己与他人的关系不满，会容易使孩子产生对社会的强烈不满，严重时引发反社会情绪和行为。

和同伴关系不好会影响人的心境，闷闷不乐、抑郁，注意力不集中，学习状态不佳等，严重的时候会使孩子产生自残、自杀等念头和冲动行为。由于与同伴关系不良，孩子会丧失许多和同学进行学习交流的机会。这些都可能间接地影响到孩子学习潜能的充分发挥，影响到孩子的学业。

孩子不受同伴欢迎的原因大致有下列几种：

一种情况是刚从外校转入的孩子，在一段时间内可能会被同伴视为"外人"，不被同伴所接受。随着彼此认识的加深，"外来"的感觉日益淡化，孩子会逐渐被接受。这是来自外部的原因。

另一类情况是由孩子本身所具有的某些内在的因素造成的。一是孩子缺乏谈话技巧，不能用合适的语言把自己的需要传达给别人，也不理解别人的需要和想法，因此，他的行为往往是唐突的，以自我为中心的。二是孩子在竞争性活动中，一心只想自己赢，并不关注跟别人的配合，有时口出恶言，甚至与人打架。三是孩子的身体运动技能较差，不能与别人协调起来，这样，在一些有点竞争性的游戏活动中，孩子便成了不受欢迎的人。四是孩子喜欢道人长短，爱吹牛，动作粗暴等，容易引起别的同学不悦，别人当然也就不愿接近他了。

当孩子受到伙伴排斥时，家长可以从以下几方面入手来帮助孩子：

1. 积极关注孩子的交友情况

孩子的同伴关系对孩子的健康成长至关重要。家长应该像关心孩子的身体一样，积极关注孩子的交友状况。当孩子向父母讲述学校里发生的事时，家长要认真倾听；如果孩子在与同伴的交往过程中出现了问题，或者陷入困境，家长应该及时向孩子提供咨询和帮助。

有些孩子可能比较内向，不太会主动向父母"汇报"。特别是随着年龄的增长，孩子会越来越对父母"保密"。这个时候，家长千万不能被动地接受，或者干脆对孩子的一些事情不闻不问。其实，这个时期的孩子最容易有"心事"，最需要父母的帮助。因此，父母可以"主动出击"，经常询问孩子在学校与同学交往的情况，如孩子都有哪些朋友，朋友之间发生了什么事，孩子是如何处理同伴关系的，等等。当然，这样做的时候一定要注意方式方法，要让孩子感到父母是关心他，而不是"管闲事"或"审查"。

家长应该与老师保持经常性的联系。在与老师联系的时候，除了需要询问孩子的学习情况、表现以外，不要忘了关心一下孩子的交友情况。应该经常向老师了解孩子的人际交往状况，如果发现有问题，还要与老师商量，共同寻求帮助孩子的途径和措施。

2. 要了解孩子的长处与短处

当孩子与同伴的关系出现问题时，家长应该充分了解分析孩子的长处和短处。对孩子的了解绝对不能只根据孩子与家人的交往情况来判断，而是要深入孩子所在的学校和班级，根据孩子与同伴的相互作用情况来判断。通过对孩子一段时间的观察和分析，确定孩子在人际交往方面的长处和短处，然后有针对性地对孩子开展训练。

3. 要训练孩子的交往技能

对孩子进行交往技能的训练是一种可行的办法，可以帮助孩子顺利进入同伴群体。家庭可以成为对孩子进行社交技能训练的最佳场所。因为家庭是孩子进行社会活动的第一团体，而且孩子在这里是非常"安全"的，没有被排斥和拒绝的担忧。训练内容可以包括介绍自己的情况、询问别人的情况、表达兴趣、接受或拒绝对方等。

4. 提高孩子的运动技能

运动技能好的孩子往往在游戏活动中更受欢迎。家长应多安排可以提高和训练身体技能的活动，如家庭游戏、球类运动、游泳等。

5. 注意保护孩子的心理健康

受同伴排斥和拒绝的后果是孩子容易产生不良情绪，如挫折感、沮丧、自卑等。因此，家长应注意以下几方面：首先，避免指责、嘲笑孩子。家长不应该指责孩子，如"像你这么笨的人，当然交不到朋友"，"为什么这么多同学都不喜欢你，肯定是你有问题"。这种话会让孩子感到哪里都没有温暖，会加重孩子的心理负担，也会加剧孩子的自卑。其次，安慰孩子。家长应该向孩子表示关注、理解和同情，不要在孩子面前"大惊小怪"，夸大问题的严重性。家长可以故作轻松地表示：问题并不像想象的那么严重；问题不难解决；同学们可能是一时误会，随着了解的加深和自身的努力，问题会得到解决的；愿意和孩子一起面对这个问题，帮助他解决难题。可以向孩子强调，"家"永远是他避风的港湾。最后，策略指导。家长可以指导孩子如何处理和排解不良情绪，告诉孩子一些有效的策略，比如找个人倾诉、大哭一场、写日记等。

孩子被伙伴欺负怎么办

桐桐今年7岁，活泼可爱，聪明伶俐，十分讨人喜欢。但是一天放学后，桐桐哭着告诉妈妈，她在学校里被同伴欺负了。原来，在课后的跳皮筋活动中，桐桐因为个子矮，跳不过去踩上了皮筋，所以和她一起玩的小丽就指着桐桐的鼻子说她笨，而且还让桐桐退出游戏。桐桐不同意，小丽就上前连推带搡地把桐桐推下了场，桐桐一下子被推倒坐到了地上，呜呜地哭起来。在场的同学因为害怕小丽，也没有一个人来为桐桐说话，桐桐觉得委屈极了。

像案例中的桐桐一样，孩子在学校被同伴欺负，在幼儿园大班和小学低年级是常见现象。

孩子受到小伙伴欺侮，父母的反应大致有如下几种：

第一，心疼孩子，责怪孩子无能，教孩子"以牙还牙"。

第二，责骂孩子，把责任全部揽到自己孩子身上。

第三，带着孩子上门兴师问罪。

第四，了解受到欺侮的原因，谨慎对待，指导孩子端正自己的言行。

正确的做法是第四种。心疼孩子，这是可以理解的，但是责怪孩子无能，教孩子"以牙还牙"，或者不问青红皂白，简单对待，武断处理问题，这些做法都是不可取的。因为这些做法会造成孩子失去正确的是非观，心理上感到压抑，有委屈不敢向父母诉说，对孩子的身心发展会产生不良的影响。

父母首先要安慰孩子，然后弄清受欺侮的原因，让孩子明确是非，指导孩子端正自己的言行。

1. 忍让、不予理睬

对孩子因交往中的小事情受欺侮，父母应教育孩子采取忍让、不予理睬的办法，这有利于养成孩子谦让、宽容的良好品质。

2. 适当回避

对经常欺侮人的小朋友，父母可让孩子采取回避的办法，减少和这样的小朋友接触的机会。

3. 据理力争

孩子的既得权益受到侵犯，如果父母再一味教孩子忍让、宽容，长此以往，会使孩子变成一个"小绵羊"，软弱退缩，心理受到压抑，不利于孩子身心健康发展。父母应该教孩子向欺侮他的小朋友表明自己的态度，如："明明你欺侮我，是你的不对，这次我原谅你，下次再这样，我就不让你了。"父母也可支持孩子用自己的反抗向小伙伴证明自己并不是软弱可欺的。

4.家长之间沟通解决

在必要的时候，如果对方家长通情达理，有修养，父母也可以出面和对方家长沟通，对问题的解决取得一致意见。但要注意的是，千万不要因孩子之间的事情引起家长之间的摩擦。

十月

October

不盲从，好探索：

培养有创造力的孩子

要满足孩子的好奇心

每个人都有与生俱来的天赋和不同的性格,它让人有发展潜能的机会。

绝大部分孩子都有很强的好奇心。例如,牛顿因为看到苹果从树上掉到地上而引起好奇,后来发现了"万有引力定律";瓦特对滚水能把水壶盖子掀起产生好奇,进而探究其原理,才有蒸汽机的发明。这些都是科学家有着强烈好奇心与求知欲的典型事例。

孩子好奇心很强,什么都想亲自尝试,总是东摸摸西瞧瞧,什么东西都能吸引他,这是好现象。好奇心可以让孩子更多地了解各种事物之间的关系,促使他学习与外界交往的技能。

父母应该抓住时机,满足孩子的好奇心,给孩子尽可能多地探索环境的机会,让他去摆弄他感兴趣的东西。只要没有危险性,不要对孩子加以过分的限制。这个怕孩子弄脏,那个怕孩子弄坏了,这时期再爱干净的妈妈也不能要求家里保持完全的整洁。如果把房间里所有的东西都收拾得很干净，反而对孩子不利，使孩子失去许多动手操作、学习的机会，还会压制孩子的好奇心，将孩子的兴趣扼杀在萌芽中，抑制孩子学习的动机，这样不利于他智力的发展。

晶晶从小就淘气，总喜欢把家里的一些东西拆开来看看。妈妈对此非常生气，有一次妈妈严厉批评了晶晶之后，晶晶虽然不再拆东西了，但每天的情绪都很低落，和妈妈的关系也日渐疏远了。

妈妈不理解自己哪里做错了，很认真地去请教了一位心理学专家。专家告诉她：喜欢动手动脑的孩子，创造力强；孩子的好奇心很珍贵，那是创造的源泉；妈妈要善待孩子，成为孩子的好朋友。

妈妈认识到了自己的错误，从此以后，不再像以前那样限制晶晶拆东西了。

有一天，晶晶跟妈妈商量："我想看看电脑主机箱，因为风扇的声音太大了。"但在妈妈看来，电脑有问题就应该打电话请专业的维修人员。见妈妈犹豫，晶晶就说："如果我修好这台电脑，家里可以省不少钱呢。"见晶晶言之有理，妈妈答应了。

妈妈和晶晶一起动手拆开了电脑主机箱。晶晶仔细检查了风扇，说："是因为灰尘太多造成的噪音太大。"于是，他拿出电吹风对着风扇吹起来。等把主机箱装好，打开电脑一试，噪音果然小多了。妈妈和晶晶相视而笑，两个人心中充满了成功的喜悦。

从那以后，常有邻居拿来出毛病的一些小电器让晶晶帮着维修，妈妈便会和他一起拆啊装啊的，做起晶晶的助手。和晶晶一起"搞破坏"，不但增进了母子感情，而且满足了孩子的好奇心。

妈妈知道，这是他探索未来的强大动力。

好奇心和强烈的自主愿望使孩子什么都想去试，什么都想去做。过度的包办代替，会使孩子失去许多学习探索的机会；而一味斥责、制止，就会发生顶撞现象。

父母要相信孩子的能力，满足他的好奇心。比如，他想到雨里去玩，你就给他穿上雨衣、胶靴去玩吧；他要自己穿鞋，就让他去穿，等他鞋和脚对不上号时再去帮他；要洗衣服，给他一块肥皂，随他去洗；想扫地，让他扫，哪怕越扫越脏……

当然，父母的帮助是必不可少的。父母要充分相信孩子，让他们在满足合理要求、亲自实践的同时，积累经验，体会成功的快乐。

某些心理学家经过长期的研究发现，好奇心是推动孩子求知的重要力量。因此，作为父母，学会呵护孩子的好奇心非常必要。怎样呵护孩子的好奇心呢？可以从以下几点做起：

1. 启发孩子去思考

如今的孩子接触面广，接受新鲜事物快，好奇心强，喜欢独立思索，敢于发问，这是一件好事。如果孩子对什么事情感兴趣，父母不能嫌麻烦而敷衍搪塞，打发了事，而应因势利导，启发孩子去积极思考，培养孩子的好奇心与探究精神，可以经常问："你想想，这是为什么？"

2. 满足孩子的求知欲

作为父母，在与孩子接触时，不要认为孩子有点"傻乎乎"的，更不要说："你还小，等你长大后就会明白了。"其实，孩子提问，正是由于他们知识、经验不足，而好奇心促使他们提出各种各样的问题。处理不当，孩子求知的火花就会因此而熄灭。我们要尊重孩子在知识、能力、判断方面的自尊心，学会在孩子的面前表现出自己的谦逊，让孩子有一个独立思考的空间。

3. 与孩子平等相处、平等交流

孩子一般都尊敬长辈。作为长辈，应学会尊重孩子，相信孩子。与孩子讨论任何问题，都不要过早过快地下结论，以免挫伤孩子的好奇心。

正确的做法是，应当对孩子说："这个问题，你应该很清楚，请你继续讲下去。"或者说："这件事我还没想过，很想听听你的看法。"这会使孩子的自尊心、好奇心得到呵护，他们会尽力去思索、探讨，思考问题的空间就会越来越大，孩子的创新意识和创新思维也能得以培养和发展。

巧妙引导，激活孩子的创造能力

创造力是孩子开创美好未来必不可少的一种能力。

俄罗斯著名作家康·巴乌斯托夫斯基曾说："异想天开给生活增加一分不平凡的色彩，这是每一个青年和善感的人所必需的。"这里所说的"异想天开"其实就是一种创新能力的体现，那些在人类历史上留下伟大足迹的人物，最初都是一个异想天开的孩子。所以，我们要想孩子能够取得成功，拥有令人称羡的非凡成就，首先就要着力培养他的创新能力。

阿珂是一个很爱弹吉他的女孩，父母为此还特意给她买了一把吉他。有时家中来了客人，阿珂会主动给大家弹奏一曲。有一次，阿珂的妈妈带朋友来家里做客，大家要求阿珂弹一首曲子来听。不凑巧的是，阿珂的吉他折了一根琴弦，还没有来得及去换。阿珂只好拒绝了大家的请求。这时，她的妈妈说："阿珂，妈妈一直认为你是个小天才，那你能用少了一根琴弦的吉他为大家弹奏出完整的曲子吗？"阿珂平时就是一个创新能力比较强的女孩，于是在妈妈的鼓励下，她开始弹奏起来，竟然真的用断了一根琴弦的吉他弹奏出了一曲优美的歌曲。此后，阿珂开始尝试用各种奇怪的指法和方式练琴，不但其乐无穷，而且琴技也突飞猛进。

实际上每个人先天都具有创造力，而之所以后来大家表现出的创造力不同，是由后天接受的培养不同造成的。假如你想让自己的孩子成为一个创造力很强的孩子，那么从小就要开始培养他的创新能力。

1. 激发和引导孩子的好奇心

好奇心是激发孩子创新能力的动力，它可以唤起孩子的内在潜能，使孩子完全投入创造性的活动中去。富有创新精神的孩子，一般都有较强的好奇心。许多发明和创造并不是事先预料到的，往往是在好奇心的推动下，经过创新性的思考与实践得出来的。

琳琳的妈妈很喜欢养花，家里的花很多。一天，琳琳突发奇想地剪下几枝迎春花，悄悄地埋到了泥土中，还煞有介事地为它们浇水。过了两天，她看到花蔫了，琳琳很纳闷，带着疑问去找妈妈。妈妈看见自己的花被孩子剪坏了，心里很生气，但她转念一想，这正是孩子好奇心的体现啊。于是，妈妈控制住自己的情绪，给女儿讲了为什么会出现那样的情况。她相信，鼓励女儿的每一个创新想法，及时解答女儿的疑问，是对女儿莫大的帮助。

孩子只有对事物怀有强烈的好奇心，才有可能发现有待改进和改变的方面，而这正是创新思维的基础。好奇心越强，掌握的现实材料就越多，就越有利于创造出新的成绩。

父母要珍视并且善于保护孩子的好奇心，正确激发和引导孩子的好奇心，为孩子提供安全的创造性环境，点燃孩子探究新鲜事物的欲望。父母要耐心地回答孩子的提问，经常陪孩子出去走走，使孩子的好奇心保持正向发展；而如果一味地斥责、制止孩子的探索行为，则会阻碍孩子好奇心的发展或者会把孩子引向错误的方向。

2. 给孩子创造与外界接触的机会

观察力是创新能力的基础，对于孩子创新能力的培养至关重要。孩子只有学会观察，才会记忆和思考。创新能力的发展离不开观察力，孩子只有在生活中多听、多看，才会掌握更多的知识，积累更多的经验，并利用自己的创新思维去解决问题。

小玉和小菲都是 5 岁的女孩。小玉的父母工作忙，没时间接送孩子上幼儿园，于是经常把小玉一个人锁在家里，认为这样很安全。可是小玉被关在屋里，生活单调，观察的机会少，智力也受到了影响，出去不敢和别人说话，无法参与小朋友间的游戏。

相反，小菲的父母经常利用周六日，带女儿去公园、动物园，女儿生活在丰富多彩和充满新鲜事物的环境中，大脑可以受到很多新鲜事物的刺激，经常处于兴奋状态，所以小菲爱说爱笑，非常爱提问题，创新能力也得到了相应的发展。

要想让孩子具备良好的创新能力，父母就要从孩子小的时候开始，为孩子创造良好的环境，帮助孩子拓宽视野，有意识地带孩子多出去走走，培养孩子的观察力，从而培养孩子的创新能力。

3. 鼓励孩子的探索行为

冰心曾说过："淘气的男孩是好的，淘气的女孩是巧的。"孩子爱玩，喜欢探索未知事物，并不意味着孩子是坏孩子，相反，这正是孩子开始尝试创新的表现。父母不仅不应该制止，还应该有意识地保护这些行为并给孩子充足的时间和空间，让他有机会去发现和研究自己感兴趣的事物。只要孩子是安全的，父母就应积极鼓励他进行各种探索。

一位妈妈在自己的朋友圈中写道：

要学会欣赏孩子的探索欲望，允许孩子的探索行为。我的女儿4岁了，却像个男孩一样生性好动，她喜欢把玩具"大卸八块"。开始我很烦她这种做法，她拆完就扔到一边，又去破坏下一个，我每次都得跟在她后边收拾。后来，我改变了想法和做法，我每次会提前告诉女儿，在拆卸的时候记住拆卸的顺序，并鼓励女儿在拆卸完之后试着把玩具重新组装好。

如果做父母的都能这样做，就既满足了孩子的探索欲望，又锻炼了他的动手能力。即使孩子不小心把东西弄坏了，也不要轻易责怪他，否则会扼杀孩子的创造力。

叶片到锯子的演变——让善于创新成为一种习惯

"创新是一个民族进步的灵魂，是一个国家兴旺发达的不竭动力"。孩子应该学会创造性思维，敢于打破常规，具有敏锐的洞察力、质疑能力、辨识能力，以及善于思考和探索的能力。当创造成为孩子学习生活的一部分，犹如吃饭睡觉一样，那么我们的孩子就会逐渐成为一个富有创新精神的孩子。

相传有一年，鲁班接了一项建造一座巨大宫殿的任务。这座宫殿需要很多木料，鲁班就让徒弟们上山砍伐树木。由于当时还没有锯子，他的徒弟们只好用斧头砍伐，但这样做效率非常低。工匠们每天起早贪黑拼命去干，累得筋疲力尽，也砍伐不了多少树木，远远不能满足工程的需要，使工程进度一拖再拖，眼看着工程期限越来越近，这可急坏了鲁班。

为此，鲁班决定亲自上山察看砍伐树木的情况。上山的时候，他无意中抓了一把山上长的一种野草，一下子将手划破了。鲁班很奇怪，一根小草为什么这样锋利？于是他摘下一片叶子细心观察，发现叶子两边长着许多小细齿，用手轻轻一摸，这些小细齿非常锋利。他明白了，他的手就是被这些小细齿划破的。后来，鲁班又看到一只大蝗虫在一株草上啃吃叶子，两颗大板牙非常锋利，一开一合，很快就吃下一大片。这同样引起了鲁班的好奇心，他抓住一只蝗虫，仔细观察蝗虫牙齿的结构，发现蝗虫的两颗大板牙上同样排列着许多小细齿，蝗虫正是靠这些小细齿来咬断草叶的。这两件事给鲁班留下了极其深刻的印象，使他受到了很大启发。

他想，如果把砍伐木头的工具做成锯齿状，不是同样会很锋利吗？砍伐树木也就容易多了。于是他就用大毛竹做成一条带有许多小锯齿的竹片，然后到小树上去做试验，效果不错，几下子就把树皮拉破了，再用力拉几下，小树干就划出一道深沟，鲁班非常高兴。但是由于竹片比较软，强度比较差，不能长久使用，拉了一会儿，小锯齿就有的断了，有的变钝了，需要更换竹片。这样就影响了砍伐树木的速度，使用竹片太多也是一个很大的浪费。看来竹片不宜作为制作锯齿的材料，应该寻找一种强度、硬度都比较高的材料来代替它，这时鲁班想到了铁片。于是他们立即下山，请铁匠们帮助制作带有小锯齿的铁片，然后到山上继续实践。鲁班和徒弟各拉一端，在一棵树上拉了起来，只见他俩一来一往，不一会儿就把树锯断了，又快又省力。锯就这样发明了。

在鲁班之前，肯定也有不少人碰到手被野草划破的类似情况，为什么单单只有鲁班从中受到启发，发明了锯？大多数人只是认为这是一件生活小事，不值得大惊小怪，在治好伤口以后就把这件事忘掉了。而鲁班却有比较强烈的好奇心，对生活当中一些微小事件很注意观察、思考和钻研，从中找到解决问题的方法，甚至获得某些创造性发明。这告诉我们一个道理，留意生活中许多不起眼的小事，勤于思考，勤于创造，会增长许多智慧。

现在许多孩子缺乏创新观念。究其原因，是与我们多年来的传统教育观念有着直接的关系。以前的家长和老师习惯灌输方法，孩子们也习惯于"拿来主义"。所有的知识不经过思考统统死记硬背灌进脑子里，不会提问题，不敢对所学的知识提出质疑。此外，家长和老师对孩子的保护限制过多，不许这样，不许那样。孩子则无条件顺从，一就是一，二就是二。孩子这样过着循规蹈矩的生活，束缚了手脚和头脑，同时也大大地限制了孩子创造力的发展。

孩子的创造欲望必须得到长期呵护。知识的培养并不一定要在孩子的幼年完成，它可以在人生的任何一个阶段完成。但是，如果在童年时代孩子的想象力没有得到很好的保护，他们长大后就会变成想象力的缺失者，直接后果是没有创新的能力，在社会竞争中难以立足。家长、老师应该研究孩子的心理，让孩子在规矩与创造欲望之间找到平衡点。

父母怎样在孩子小的时候，来保护、培养孩子的创新意识和创新能力呢？

1. 发现、保护孩子的好奇心

好奇心是孩子发展创造力的起点和火花，父母与老师要懂得发现孩子的好奇心。

某幼儿园里曾有一个孩子，上课时总是做自己的事情。小朋友做游戏时，他却一个人坐在角落里玩积木。他对老师说的话和集体活动都没有反应，老师、父母都为他的"笨"而焦虑。可是带班的老师却不相信他笨，经过一段时间的观察，带班老师发现这孩子并不是低能儿，而是有他自己的特殊兴趣。这位老师发现了孩子的兴趣后，就有意识地对他进行教育。后来这孩子逐渐改变了不合群的个性，智力也得到了很好的发展。

孩子的好奇心如果受到肯定和鼓励，孩子便会继续探索、思考和学习；要是受到压制，就会丧失自信心和探索的兴趣。

2. 不要指责孩子的天真

善于创新的孩子内心是开放的。创新本身就是一种冒险，是在探索一种未知的或未明确的事物，因此创新的过程有时给人的感觉是滑稽、无条理或是含糊不清的。孩子在思考、在探索的同时，在行为上可能表现出矛盾的方面，表现为观点奇特、办事杂乱无章。家长可能会想，这个孩子怎么总是胡思乱想，说些不着边际的话，像个3岁小孩一样。对于孩子表现出来的天真，家长应该有一颗宽容的心，不要对孩子一味指责，要允许孩子"胡思乱想"。

3. 培养孩子自信、豁达，正确看待失败

父母本身是否自信、豁达，对于孩子的创造意识影响很大。研究表明，当父母感到自信，从不因自己行为的与众不同而感到难堪，他的孩子就会有良好的创造力。这样的父母不会因和同事孩子攀比而强迫孩子学钢琴，不会因孩子的失败而感到丢脸。他们帮助孩子把害怕失败的心理压力减轻到最低限度，鼓励孩子去做自己喜欢的事情，不过分注意他人对自己的评价。

4. 培养孩子打破思维定式的能力

马戏团的大象力大无穷，却能很安分地被拴在一个小木桩上。为何会这样？大象小时候很调皮，玩性又大，故用绳子把它拴在木桩上。由于小象力量小，怎么挣扎都无法移动木桩。时间久了，小象只要被系在木桩上，便知自己无法挣脱，也就很安分了。等小象长成大象后，完全可以移动木桩，却因它从小认为木桩的力道比自己大，是无法移动的，因此，它放弃了再去移动木桩的念头——这就是思维的定式。

当周围的情况发生变化时，如果仍然习惯于原有的"惯性思维"，则会给创新设置重大的障碍。因此父母要引导孩子打破思维定式，敢于想，敢于怀疑一般人认为"千真万确"的事情。

"创造力就是把熟悉的东西变得陌生起来，再把陌生的东西变得熟悉起来"。家长在与孩子沟通时，应该多用开放式的方法提问，提出问题让孩子去寻找答案。在这种寻找的过程中，孩子的想象力会得到充分的发展。培养孩子多角度思考问题的习惯，有利于培养和发展孩子的求异思维、发散思维、逆向思维等进行创新活动所必需的思维形式。就学习而言，题目的答案可以是唯一的，但解题途径却不是唯一的。每道题有了一种解法后，还要求有两种、三种直至更多解法，使孩子善于打破思维定式，提高思维的灵活性，为思维创新提供良好条件。

5.引导孩子进行创新实践

实践是创新活动中必不可少的一个过程。培养孩子手脑结合、注重实践的习惯，不仅可以让孩子了解知识的来龙去脉，还能促进孩子思维的发展，有助于激发孩子的创新意识。指导孩子设计试验要循序渐进，充分发挥他们的聪明才智去找出验证某个问题所需的条件，以及造成这种条件所需要的材料，然后家长和老师提供适当材料供孩子摆弄、试验，使孩子的创造性思维得到锻炼，培养孩子的创新实践能力。比如节假日，一家人在家休假，不如给家里来点变化。父母可以提议，"宝贝，想一想，怎么重新布置一下你的小天地？你好好想想，做个规划。你当指挥，爸妈出力"。又如，孩子在做数学题，父母虽没有必要手把手指导，但是可以常提醒孩子，是不是还有更好的思路来解题？这道题从另外的角度来考虑会不会更好？让孩子有一个探索新方法的意识。

6.培养孩子整理知识、构建知识结构的习惯

创新需要扎实、牢固、结构合理的知识体系作基础。引

导孩子整理知识，构建合理的、有利于后续发展的认知结构，能使孩子学会一些学习的方法，为创新提供一定基础。观察、比较、分类是低年级学生学习方法的重点。如果在以后的实践过程中能激发出孩子观察、比较、分类的潜能，那就不仅仅是观察、比较等能力的发展，而且创新能力和创新精神也会进一步提高。

7. 为孩子创新与创造提供条件和环境

孩子往往在做游戏、绘画、听音乐或听故事等活动中，会迸发出创造性。因此给孩子足够的自由活动时间、合适的地点和进行各种活动的材料，是促进孩子创造力发展的必要条件。如果条件许可的话，父母最好在家里给孩子一个能自由游戏、阅读、活动的小天地，在活动中父母可适当地给孩子以启发。孩子在游戏中的试验、实践、发现问题的过程，正是他学会思考的最佳时机。

8. 培养孩子持久的创造热情

创造意识固然表现为探索，但这种探索的实质是"求是"，目标是发现事物内在规律，因此，需要付出艰辛的劳动，用锲而不舍的精神去探索。每一个人都是一个潜在的发明家，90%的人都曾想要发明某种东西，只是大部分人的热情只能维持一个星期左右。孩子对待新事物、新想法往往只有三分钟热度，这就需要父母从小培养其毅力和恒心。要善于捕捉孩子在刹那间闪现出的创新火花，及时地给予肯定和鼓励。还要鼓励孩子从不同角度去解决问题，而不满足于一种答案，孩子在不断创造中感到愉快，才能维持恒久的创造热情。当孩子遇到挫折时，父母还要给予必要和适当的鼓励，以免孩子因多次或长期受挫而失去创造热情。

培养孩子自行发挥创意的能力

从畅销小说到治疗癌症的新药，从厨师别出心裁的料理到风靡全球的电影，从创新的教学方法到新奇有趣的沙雕作品……哪些必要的条件促使了创意产物、创意行为的产生呢？

心理学家特雷莎·阿马布勒通过"三种构成因素模型"阐述了创意产物或创意行为所需的必要条件。

三种构成要素中，第一种是具有相关领域所需的一定的知识、素质和才能。以J.K.罗琳为例，她能写出《哈利·波特》这样的畅销小说，和她文学方面的才能是分不开的。

第二种构成要素是创意性相关的能力，这是使能力得以更加充分、有效地发挥的关键因素。创意性思考的能力，就是用新观点看事物的能力、以新方法解决问题的能力。没有这种能力，是无法取得创意性成就的。罗琳杰出的想象力，正是她的创意性能力的体现。

最后一种构成要素是任务动机。当期待某一创意产物之时，对获得它的欲望、兴趣、满足感和挑战等内在动力越强烈，这件事就越有可能实现。罗琳对写作无限的兴趣和克服一切困难的坚定信念成为她的内在动力。她身上所具备的这三种要素，构成了她取得成功的基本条件。

总结一下，也就是说，"具备一定领域的卓越的素质""高水准的创意性思考能力"和为了取得成功的"强烈的动机"，是获得创意性作品、产生创意性行动等创意产物的必要条件。

我们还是来分析 J.K. 罗琳的事例。她有出色的文字应用能力，有新奇的想法和杰出的创造力。但是如果她本人没有创作小说的强烈愿望，我们今天还是看不到《哈利·波特》这部小说。

只有在她决定即使在困难的条件下也要写作的时候，只有当她这种愿望极其强烈的时候，只有当她渴望表达出她如泉涌般的想象力的时候，这些内在动力才成为她不断创作的源泉，也让她由衷地感到快乐。正因为这样，《哈利·波特》才得以问世。

像这样的动机，很大程度上来自于社会环境的影响。但是由于"动机"不是一眼能观察到的，所以动机常常有被人们忽略的倾向。

优秀的父母，与其不断地要求孩子进行创造性活动，倒不如发掘孩子的内在动力，让孩子自己发挥他们的创造性。

激发孩子的内在动力

有一个人上小学的时候，老师每次在批改作业后，都会根据作业的完成情况，在作业后面用红色的笔画圈。每当看到作业本上的五个红色的圆圈时，这个人心里不知道有多么高兴。第二天为了还得到五个圆圈，他就会认认真真地做作业。

代表"优秀"的五个圆圈，是一种报偿。这可以说是鼓励这个人下次依然把事情做好的一个诱因。这种报偿，就是外在动力。

外在动力是指做一件事的理由来自外部。做一件事的目的不是对那件事情本身感兴趣，或是享受那项活动本身，而是为了别的目的，例如：挣钱、得奖、出名、避免受罚、得到他人的肯定、得到满意的分数等。这些都属于外在动力。

与之相对的内在动力，则是诱导某一事物发生的原因，来自内心涌出的愿望。与来自内在动力的事件相比，来自外在动力的事件持续性较差，而且取得的成就也会稍差。可以说，对于某件事的好奇心、满足感、个人兴趣、个人挑战之类的出自本心的内在动力，是创意性思考、创意性活动和创意产物的主要原动力。

有一篇关于温布尔登网球公开赛女子冠军得主大威廉姆斯（维纳斯·威廉姆斯）的报道。她的父亲为了把两个女儿——维纳斯·威廉姆斯和塞雷娜·威廉姆斯培养成网球明星，从小就让她们接触网球。家里经济条件不好，他就扯一根铁丝当球网；没钱请教练，他就自学网球然后再教女儿们。

除了这些训练之外，为了让女儿们能够成功，他还做了一件事情。在姐姐7岁、妹妹5岁的时候，他牵着两个女儿的手，来到了当时的女子网球冠军——克里斯·埃弗特的家。他把自己的女儿介绍给埃弗特，并且请她允许这两个孩子参观她在温网公开赛中获得的奖杯。

埃弗特热情地接待了他们，还让两姊妹抱着她的奖杯合了影。后来根据埃弗特的回忆，当时姐姐说想获得温网冠军，妹妹说想获得美国网球公开赛的冠军。

也不知是不是偶然，后来，姐姐大威廉姆斯获得了温布尔登网球公开赛的冠军，而妹妹小威廉姆斯则获得了美国网球公开赛的冠军。在埃弗特家里许下的愿望，都成为现实。她们抱着奖杯与埃弗特合影的照片，给了她们实现梦想的力量。

威廉姆斯姐妹的父亲，为了培养女儿们的目标意识，专门领她们到网球冠军的家中拜访。这给了女儿们放飞梦想、坚定信念的机会。与一天的训练相比，一瞬间的感动，让她们看到了未来可能取得的成就。这件事持续地作用在她们心中，让她们在之后的时间里不断努力。

所有的父母都应该思考，为了孩子的成长，如何激发他们的内在动力？如何才能像威廉姆斯的父亲那样，让孩子自己下定"我要成为网球明星"的决心，从而激发她们的内在动力。

一件事，当孩子自己愿意做，并能享受其中乐趣的时候，他们发挥出创意的可能性就会增大。如果父母能让孩子对某一件事产生好奇心和兴趣，就是帮助孩子找到了在这件事情中发挥出创意性的捷径。

鼓励孩子张扬自己的个性

犹太人在日常生活中非常关注孩子个性的发挥。他们的基本观点是：比较家里几个孩子到底谁更加聪明，对所有的孩子都没有好处，但是比较孩子不同的个性，可以让孩子更好地成长。

而我们身边的许多父母都有这样的倾向，不是根据孩子的兴趣和自身的素质来为孩子考量，而是先考虑是不是符合自己的标准。如果孩子只是学了一两样特长，父母就会不安。这已经是我们身边常见的现象了。

阻碍孩子的创意性和个性发挥的另一个事实是，很多父母不去考虑孩子的才能和优点，也不考虑孩子的缺点和不足，只是一味地和别人家的孩子做比较，而这几乎已经成为一个习惯了。

父母这样做，会让孩子心里更加不安，会伤害孩子的自尊心。不要什么都与别人家的孩子做比较，与其把精力都分散开来，不如发现孩子的独特才能，然后最大限度地予以开发，使孩子的天赋得以呈现。

父母不要再沉浸在与别的孩子比较的不安里，应多关注如何让孩子与众不同，这样才更有可能培养出有个性、有创意的孩子。

十一月
November

感恩父母，重视品德：
培养孩子的优秀品质

别让虚荣迷失了孩子的纯真本性

童昊生活在一个经济条件并不富裕的家庭，妈妈下岗后做点儿小生意维持生计。虽然家庭条件不好，但父母总是省吃俭用，从不让童昊在吃穿上受委屈，别的孩子有的，童昊也会有，而且对童昊提出的要求也从不拒绝。童昊在小伙伴中间算是很气派的一个，他感到很满足。从小学到初中，童昊的学习成绩一直很好，在妈妈和老师的眼里，童昊始终是一个好孩子。

但是自从上了市里的高中，情况发生了很大的变化。有的高中同学的父母都是高收入者，他们花钱如流水，穿的用的都是名牌。相比之下，童昊显得非常寒酸，以前的优越感再也没有了。童昊产生了严重的心理失衡，他不甘心落于人后，于是每次回家都向妈妈要很多钱，和同学们比吃比穿以满足他的虚荣心。起初妈妈总是大方地给他，但后来妈妈实在承受不了，几次都拒绝了他。童昊见妈妈这个经济来源断了，便起了邪念："别人有的我为什么不能有，这不公平。"

在这种想法的驱使下，童昊开始偷同学的钱，几次偷盗都没被发现，更增加了他的侥幸心理。在金钱的诱惑之下，他越陷越深，最后伙同另一同学作案，直至被公安机关抓获，受到了法律的制裁。

童昊事件发人深省，他为什么会走上犯罪的道路呢？仔细分析，主要是虚荣心在作祟。虚荣心是一种表面上追求荣耀的自我意识，具有过度虚荣心的人，往往会用扭曲的方式来表现自己的自尊心和荣誉感，他们所追求的其实只是表面上的好看和形式上的光彩，面子高于一切，不顾条件和现实去追求虚假的声誉。

据有关调查表明，独生子女的虚荣心都比较强，在被调查的独生子女中有 20% 存在较强的虚荣心。虚荣心往往会导致孩子产生其他心理问题，如嫉妒、自卑、敏感等，这些都会阻碍孩子的发展。

每个人都或多或少地有点儿虚荣心，这是正常的，因为大多数人都渴望自己被他人尊重，被他人敬仰，都希望自己能做得更好，更理想。但是，如果虚荣心太重了，就会影响心理健康，影响正常的学习和生活。仔细观察不难发现，虚荣心太重的人活得往往都非常累。这是由于他们不能展示"真我"，不能按自己的本来面目生活，而需要在别人面前精心打扮来抬高自己。另外，有虚荣心的人虽然在别人面前显得很"自信"，但他们心里其实并不轻松，尤其是当他一个人独处时，便会感到更加自卑，因为他们骗不了自己，更明白自己的真相。真相和假相的反差很容易使少年内心空虚、失落，最终导致心理颓废、爱慕虚荣、不求进取。

爱慕虚荣对孩子来说无疑是一种可怕的坏性格，父母应采取必要的措施加以纠正。

首先，父母要注意孩子心态的变化，多给孩子讲不爱慕虚荣的道理。有的父母为了使孩子不受委屈往往尽量满足孩子的要求，还有的父母对孩子则采用先吼后打的办法。其实，最好的办法是多给孩子讲道理。告诉孩子，拥有名牌并不意味着就拥有了较高的地位，只有依靠自己的能力取得成功，才能获得别人的尊重和认可。教育孩子根据自己的需要来购买东西，而不要为了同他人攀比，买自己所不需要的东西，让孩子学会科学、理性地消费，也可以把家中的收入支出情况讲给孩子听。

其次，父母要创造机会，让孩子通过自己的劳动来获得想要的东西。如果孩子的要求是合理的，那么父母可以为孩子创造一些机会，让孩子用自己的劳动挣来的钱购买所需要的东西。如让孩子做一些力所能及的事，分担一些家务，然后从中取得回报。一分劳动一分收获，一滴汗水一点回报，让孩子知道不停地向父母索要，不仅不光彩，还行不通。

最后，父母要客观地评价孩子。父母不应该过分夸大孩子的优点，也不要掩盖孩子的缺点。对那些符合道德规范的行为，父母应给予表扬，但应适度。因为经常性的表扬会使孩子认为这些并不是他应该做的，一旦这样做了，便能得到奖励。久而久之，孩子便养成了爱慕虚荣的坏习惯，而且越来越严重。对于孩子的缺点要及时指出，帮助孩子分析原因，并鼓励其渐渐克服。

培养孩子宽容的心态

情景一：

在一个广场上，几个三四岁的小朋友在一起正玩得高兴。突然，一阵哭声传来。在旁边的妈妈听到孩子的哭声之后，快步走到这群小朋友中间，原来是自己孩子的玩具被另一个小朋友抢走了。

看到孩子受欺负，这位妈妈很生气，大声地斥责孩子："你怎么那么笨！你不会把它抢过来吗？"

看到有妈妈在一旁撑腰，这位小朋友的胆子也大了很多，趁着那个小朋友不注意，一把将玩具夺了回来，然后紧紧地抱在怀里，再也不让别的小朋友玩了。

这位妈妈牵着孩子的手走到了另一边，并且边走边对孩子说："记住，以后谁要是再欺负你，你就勇敢地反击，不要这么懦弱，否则，长大了是要被人欺负的。"

听着妈妈的话，孩子似懂非懂地点了点头，然后就自己一个人去玩了，而刚才和他玩的那些小朋友一个也不过来了。

情景二：

有一个叫丽丽的7岁小女孩。有一次，在班级活动中因为一点小事而遭到好友梅梅的无端抢白，丽丽感到大丢面子，因此一股试图报复的心理涌上心头。晚上回到家后，她就把所发生的事情和自己的想法都告诉了妈妈。妈妈听了她的话，没有说女儿这样做是对还是错，只是对女儿说，报复根本就不能解决所发生的事情，建议她去了解一下好友是出于什么原因出言不逊。在母亲的劝说之下，她通过和梅梅谈心了解到：当时梅梅喂养的小兔子突然死去，心情十分沮丧，所以难免口不择言。知道了原因，丽丽原谅了梅梅，两个小伙伴的友谊更深厚了。

与第一个故事中的妈妈相比，丽丽的妈妈更注重培养孩子宽容的心态。

宽容，就是宽恕容忍，严于律己，宽以待人。一个人有了宽容的心态，才能接纳不同的意见，尊重他人的生活方式，允许他人有这样或那样的过失，给他人改正错误的机会。有宽容之心的人一般能与人和睦共处，合作共事，保持良好的社会关系。

那么，家长如何培养孩子的宽容品质呢？

1. 以身示教

苏联教育家马卡连柯曾指出，父母在开始教育自己的子女之前，首先应当检点自身行为。要让孩子学会宽容，父母首先自己应有宽容的心态。如果父母心胸狭窄，无视他人的意见，习惯于将自己的意志强加于人，不给人改错的机会，为一点小事争执不休，为一点小利而斤斤计较，孩子又怎么能学会宽容呢？孩子会受父母的影响，父母有一颗宽容之心，宽容的品质才会再现在孩子身上。

2. 用故事教育孩子

国内外有许多体现宽容品质的小故事，父母可以借此教育孩子。如我国历史典故"负荆请罪"，将军廉颇屡建战功，不服蔺相如以口舌之利居上位，欲加凌辱。蔺相如以大局为重，屡次忍辱避让。廉颇知道事情的原委后，深感惭愧，于是，背负荆条，上门请罪，并感叹道："鄙贱之人，不知将军宽之至此也。"两人终成刎颈之交。蔺相如的宽容避免了内讧，换来了友谊。

3. 用自然景观陶冶孩子

大自然的博大与雄厚可使人心胸开阔，性格开朗，心情愉悦，进而催人产生宽容之心。家长可带孩子游览祖国的大好河山，让浩渺的海洋、奔腾的河流、秀丽的湖光山色陶冶孩子的心灵，开阔孩子的视野和胸襟。

4. 让孩子在交往活动中学会宽容

宽容之心是在活动中发展起来的。孩子只有与人交往，才会发现缺点、错误。每个人都有这样或那样的缺点，都要犯些或大或小的错误，只有懂得宽容才能与人正常交往，友好相处。另外，孩子也只有通过交往，才能体会宽容的意义，体验宽容的快乐。如称赞别人的优点、庆贺同学的成功、帮助有困难的同学、采纳别人的合理建议等，这些都能使孩子得到友谊，分享别人的成功，并使自己也获得进步。

在教育中，父母要特别注意引导孩子用宽容的态度来对待比自己强的同学、比自己差的同学和自己的竞争对手，做到不嫉妒比自己强的同学，不嘲弄比自己差的同学，不故意为难自己的竞争对手，引导孩子向优秀的同学学习，帮助成绩差的同学，学会与竞争对手合作。

5. 让孩子习惯于"变化"

宽容不仅体现在对"人"的态度上，也表现在对"物"和"事"的态度上。因此，父母要引导孩子见识多种新生事物，让孩子喜欢并乐意接受新生事物，习惯于变化，乐于创新。如让孩子观察生活中日新月异的变化，允许孩子独辟蹊径地解决问题。孩子一旦习惯于"变化"，也就能"包容"新生事物和事物的变化了。

让孩子学会关爱别人

某幼儿教师曾对她所教的中班学生进行心理测试，其中有这样一个题目：一个小妹妹病了，冷得直哆嗦，你愿意借给她外衣吗？当听到这个问题时，原本表现欲极强的孩子们顿时变得鸦雀无声，谁也不回答。无奈老师只好点名。

第一个孩子说："病了要传染的，她穿了我的衣服，那我也该生病了。我妈妈还得花钱。"第二个孩子则说："我妈妈不让。我妈妈会打我的。"结果，半数以上的孩子都找出种种理由，表示不愿意借衣服给生病的小妹妹。

巧的是，这位老师的孩子也在该班，她实在不甘心这样的结果，就问自己 4 岁的儿子："一个小朋友没吃早餐，饿得直哭，你正在吃早餐，该怎么做呢？"见儿子不回答，她又引导："你给他吃吗？""不给！"儿子十分干脆地回答。妈妈又劝："可是，那个小朋友都饿哭了呀！"儿子竟然答："他活该！"

现实生活中这样的例子不少，孩子们的有些举动足以让人瞠目结舌。究竟是什么使这些孩子这样冷酷无情？其根本原因在于我们忽视了孩子的爱心教育。家长在给孩子无私的爱的时候，一定要考虑这样的问题：孩子是否意识到自己在得到爱和帮助的同时也应该为别人做点什么？如果没有意识到这一点，还以为享受这一切是天经地义，那么，孩子很有可能会变成一个自私自利，只会关心自己的人。

大多数自利之人都是从小养成的习惯，然而许多家长在孩子小的时候却很难注意到他们的自私行为。其实，假如把孩子置身于一个集体中，这种自私表现就非常明显了。自私的孩子总怕自己吃亏，也绝不让自己吃亏。劳动时拈轻怕重；发新书时，把好书留给自己，把破书发给别人；出去坐车时，他总跑在最前头抢占最好的座位，从不让给老师也不让给体弱多病的同学坐。关心他人的孩子却恰恰相反，他首先想到的不是自己，而是别人；他不怕吃亏，乐于助人。

另外，培养孩子的同情心也是体现爱心的一个方面。能为他人设身处地地着想，真正发自内心地关心他人，而不是冷漠地保持距离观察别人。同情心可以说是道德的基石，此处所指的"道德"可简单定义为"努力地对待他人以友善及公平"。

除了同情心之外，若要孩子具备道德心，孩子应学会用父母日常的教诲来约束自己。例如，当孩子想抢别人的玩具或生气打人时，便会用父母时常说的话来提醒自己，"打人或抢人家的东西是不对的"。若要培养孩子健全的道德观念，最重要的是建立孩子个人的价值标准。这不仅仅是服从父母而已，他还必须发展出一套自己终身服从的道德准则，而且并不在乎他人是否赞同。

同情别人、爱别人、关心别人，要从家教开始。从孩子刚刚懂事起，就得启发他去主动爱别人，关心别人，只有这样，才能培养孩子拥有一颗善良的心。

培养孩子的爱心，要从生活中的点点滴滴做起：

1.关心他人，父母是榜样

俗话说：言传身教。榜样的力量是无穷的，也是最有效的。如果父母极具同情心，那么孩子在耳濡目染中也会学习。

2.营造互相关心的家庭氛围

充满温情的家庭氛围对培养孩子的爱心起着潜移默化的作用。父母间经常争吵、谩骂，甚至打闹，孩子时常处在恐惧、忧郁、仇视的环境里，又怎能要求他去关心别人呢？所以，家庭成员之间要互相关心，特别是夫妻之间要恩爱、相互体贴。

3.让孩子做一些力所能及的事

不要让孩子养成衣来伸手、饭来张口的坏习惯，只有勤快的孩子才会懂事，才会知道关心体贴别人。一般情况下，勤快是培养出来的，所以家长要树立这种观念，并付诸行动，要循序渐进地教会孩子做一些力所能及的事。

4. 让孩子爱护身边的小动物

有条件的可以在家中喂养一些小鸡、小鸭、小猫、小狗等，有利于培养孩子的爱心。

5. 让孩子有机会了解别人的困难

父母要为孩子创造与人交流的机会，在交往的过程中，孩子能亲身体验到别人的感受和想法，这有利于爱心的培养。

诚实是孩子的优秀品质

情景一：

小河是一个 6 岁的小男孩。有一天，他不小心打碎了邻居家的花盆。当时邻居家没有人，小河就赶紧跑回了家，将这件事告诉了妈妈。妈妈听后对小河说："既然没有人看到，如果有人问你，你就说不知道，千万不能说是你打碎的，要不，邻居会打你的，妈妈还得赔人家花盆。"小河按照妈妈的话做了，妈妈夸奖道："小河真聪明！"然而，小河的妈妈怎么也想不到，从这件事中，小河得出了一个结论：做了错事可以撒谎掩盖。

情景二:

一个4岁的小男孩在和几个小孩玩耍的时候,在邻居家的墙上画了很多画,把邻居家的墙画得乱七八糟的。看到邻居出来,几个小孩一哄而散。

回到家以后,这个小男孩心神不宁,害怕邻居来找父母告状。吃饭的时候,他不像平时那样老老实实,吃两口就抬头看看门边,只吃了几口饭就不吃了,跑回自己的房间不出来。

看到孩子的异常反应,小男孩的妈妈想,也许孩子遇到什么事情了。

于是,吃过饭以后,她就温柔地问他是不是发生了什么事。在妈妈的循循善诱下,小男孩儿终于说出了这件事。

妈妈听后,并没有责怪儿子,而是说:"孩子,你觉得这件事应该怎么办呢?"

"妈妈,我知道应该去向邻居张奶奶道歉。但是,我怕她会骂我。"

"孩子,做错了事就要承担责任,如果你不去道歉,只能说明你是一个不诚实的孩子,而诚实的孩子才是好孩子,你说是吗?"

"嗯,妈妈,你说得对,我应该向张奶奶道歉,

求得她的谅解。但是妈妈，你可以在门口看着
我吗？"

"好的。儿子，去吧。"

5分钟后，儿子回到了妈妈的身边，说："妈妈，
你说得对，张奶奶没有责备我，还说我是个诚实的
孩子。"

看着儿子天真的面孔，母亲又说道："孩子，我
们把别人的墙壁弄脏了，要怎么做呢？"

"哦，妈妈，我正要说呢，我要去把张奶奶家的
墙壁擦干净。"

从上面两个故事可以看出，在妈妈的影响下，第一个孩
子将来很可能不具备诚实的品质，而第二个孩子则在妈妈的
循循善诱之下，逐渐具备了诚实的美德。

狼来了的故事从古至今一直在中国流传着。它告诫人们：
一个不诚实、爱骗人的孩子，到最后一定会失去他人的信任
而被狼吃掉。自古以来，中国就重视孩子的诚信教育，诚信
是一个人立足于社会与事业发展的基石。在如今的社会里，
人与人之间的竞争日益激烈，要使孩子立于不败之地，诚信
已成为必须具备的一种品质。那么，父母应该如何去培养孩
子的诚信意识呢？父母可以说是孩子的第一任老师，是孩子
的启蒙者，在孩子的思想和品德都尚未定格时，父母的一言

一行都对孩子起着非常重要的影响。要鼓励孩子善于祖露自己的情感，不论孩子的情感是否正确，都要使孩子明白他不需要撒谎。因此，当您发现孩子说谎的时候，千万不要着急、气恼，更不要不分青红皂白地把孩子训斥一通，这样是于事无补的。

有这样一个孩子，他的父亲爱赌博，每次回家以后怕妻子责怪，总是撒谎说忙工作去了。孩子耳濡目染，日久便也染上了撒谎的毛病。有时候为了逃学，他就会装肚子疼。父母给钱让他买学习用品，他会骗父母说找回来的钱在路上丢了，其实是买零食吃了。老师通知开家长会，他怕老师告状，撒谎说爸妈都出差了。

由此可以看出，孩子身上的优点或缺点与父母有着直接关系。假如孩子身边都是有诚信的人，孩子就不容易学会撒谎，从而成为一个讲诚信的人，因为周围的环境在影响着他。

父母要能够从细微的地方，以自身良好的言语与行动为孩子树立榜样，给孩子营造诚信的氛围，从小培养他们的诚信意识。比如，教育孩子不闯红灯、不随地扔垃圾时，父母都应以身作则。父母还应注意不能出尔反尔，父母如果经常言而无信，会使孩子产生不信任感，并且被同化。

父母要让孩子树立诚信的观念，就应注重有意识地引导孩子思考，让孩子懂得什么是诚信，什么是欺诈虚伪，要旗帜鲜明地表扬诚信，批评欺诈虚伪。要培养孩子从小明辨是非的能力。当发现孩子说谎时，应该像上面那个小孩的妈妈一样，引导孩子承认与改正自身的错误，对孩子诚信的表现要及时给予肯定和鼓励。

英国作家萨克雷曾经说过这样一句话："播种行为，可以收获习惯；播种习惯，可以收获性格；播种性格，可以收获命运。"父母便是在孩子诚信人生中播种的人。

章宇是小学一年级的学生，聪明伶俐，惹人喜爱，但他有个毛病：爱撒谎。当他想要一个漂亮的铅笔盒时，他就对爸妈谎称是学校老师要求大家买的；当他去冰箱里取东西吃，不小心把玻璃杯打碎时，他对父母谎称是家里的那只小猫咪干的。诸如此类的事还有许多。章宇的爸妈惊呼："我们的孩子都成'谎话大王'了，这可怎么办好？"

孩子说谎的原因多种多样，表现的形式也是不同的。

一是幻想式谎言。这主要发生在幼小的孩子身上。这个年龄段的孩子具有很强的"神话编造才能"，他们往往无法分清想象与现实，经常会将自己的想象内容"编"进对现实的描述中。例如，到动物园玩了一天的幼儿回家后，当父母问他在动物园都看到了什么时，幼儿可能会将自己听来的童话里的动物也"放"进动物园，而自己对此可能毫无知觉。严格来说，这种幻想式谎言并不是真正意义上的谎言，家长无须过分担心。

二是夸大式谎言。为了吸引别人的注意，或者为了达到某种效应，孩子常常在真实的故事里"添油加醋"。

三是社交性谎言。成人为了拒绝一些应酬，同时又不伤人面子，会说一些"白谎"。类似的谎言一般不会对他人造成伤害，在生活中比较常见。孩子见多了以后，也会使用这种谎言。

四是补偿性谎言。当孩子没有达到父母或老师规定的目标（例如，语文、数学考试都得一百分），又想得到父母的赞美时，或者当孩子并不拥有某些东西，但又想在同伴中保持受崇拜的地位时，孩子往往会用谎言来将自己不足的地方"补"上，从而达到目的。

五是防卫性谎言。这种谎言在孩子身上最常见，而且大多数时候是"被逼"出来的。通常父母、老师对孩子的期望很高，或者父母习惯用严厉的惩罚来管教孩子，孩子为了逃避惩罚，就用说谎来当挡箭牌。

六是逃避任务类的谎言。当面临某些自己不喜欢的任务时，孩子会用谎言来帮助自己逃避任务。如，当父母要求孩子帮忙做家务时，贪玩的孩子会欺骗父母说自己正在做作业，没有时间。

七是报复性谎言。这是孩子情绪的一种表现。当孩子对某人心怀不满时，可能会通过谎言来向对方示威和发起挑战。例如，有些孩子对父母的管教不满，当父母问他放学后是否玩过游戏时，明明没有玩过游戏的孩子，可能故意说自己玩过游戏，以此激怒父母。

教育孩子要诚实应该从以下几点做起：

1. 让孩子知道诚实很重要

明确告诉孩子你希望看到的是事实，向他解释诚实是让人们相互信任的前提，父母、老师和同学都希望能一直信任他。有时候，我们每个人都想走捷径，但是，说谎只能给人与人之间的关系以及个人的形象带来危害。

2. 让孩子厌恶说谎的行为

需要记住的是：你的职责是教育，而不是惩罚。家长可以和孩子一起讨论解决说谎问题的方式和方法，这比仅仅让孩子说声"对不起"更有意义。它可以让孩子明白：不是别人要惩罚他，而是他自己必须对自己的谎言负责。如果孩子想不出什么好办法，家长可以提供几种方案让孩子选择。

心理学研究表明，羞愧感和内疚感远比身体的疼痛感更能给人留下深刻印象。因此，让孩子对自己的行为感到羞愧和内疚是塑造孩子道德行为的有效途径。父母可以要求孩子采取可能令他尴尬的措施来弥补他的谎话，如要求孩子当众承认自己的错误并道歉。

3. 避免给孩子贴"标签"

不要给孩子贴上"谎话专家""吹牛大王"等标签。成人有时候喜欢用贴标签的方式来谴责孩子，它带来的结果往往很严重，孩子今后可能会更加"努力"地说谎。

4.关注孩子的需要

补偿性说谎缘于没有得到满足。家长应该与孩子结成同盟，和孩子一起来关注、满足这些需要。如果家庭条件满足不了孩子的需要，应该向孩子说明，并对孩子的物质需要表示理解。同时，向孩子保证父母会考虑孩子的需要，愿意和孩子一起努力，等等。家长可以和孩子一起商量和讨论如何通过正确的途径满足自身的心理需要。

5.父母以身作则

孩子是否在模仿成人？有时候，孩子身上的缺点可能正是我们没有注意到的自身存在的问题。比如，如果发现妈妈常常以说谎来"争面子"，孩子可能也会学习这种处理方式。因此，要克服孩子身上的毛病，父母首先要检查自己的行为方式。

6.抓住每一次机会，提高孩子的道德品质

当发现孩子说谎时，家长可能会感到生气、恼怒和害怕。但不要忘记，这也是一个教育孩子的好机会，它可以让孩子明白诚实的重要性。

当发现孩子说谎的时候，不能只将它作为一次性事件处理就完了，而应该和孩子一起讨论道德问题。在讨论的过程中，有一点需要注意：当孩子感到自己不是被讨论的对象时，他们会更加愿意参与讨论，也更愿意说出自己的真实想法。因此，家长可以通过一些虚拟的故事和人物来同他一起讨论。

培养孩子的正义感

有一天，王先生和他儿子在回家的路上，发现小偷的手正伸向一个女士，他儿子喊："小偷。"小偷和他儿子的目光相遇了，他儿子却一点都不怕，可那女士连头都没敢回，连话也没敢说，就自顾走了。后来王先生的妻子听说这事后，非常害怕，告诫儿子，以后这种闲事千万不要管，会有危险。王先生的儿子认为不管是不对的，就一直问朋友：下次碰到这样的事还该不该管？朋友也不知该如何回答他。

我们应该向孩子们灌输见义勇为是一个人必须具备的美德的观念，应该向孩子们宣传见义勇为的英雄并号召向英雄们学习，但是在进行教育的同时也应该教育孩子们珍爱生命，让他们懂得生命的重要，见义勇为不能以牺牲年幼的生命为代价；告诉他们少年时期的生理和心理状况，让他们懂得正处于发育期的少年是不宜冒险见义勇为的；告诉他们面对危险正确、科学、有效处置的基本知识，让他们面对突发事情时，如何机智地见义勇为。一句话，对孩子们见义勇为的教育最主要的是让孩子们明白见义勇为是做人必须具备的美德，见义勇为是光荣的，并形成见义勇为的意识，同时必须教育孩子们见义勇为必须以珍爱生命为前提，机智地见义勇为。

要培养孩子的正义感，发扬乐于助人的精神，要见义勇为，但一定要注意方法，不要鼓励孩子去做无谓的牺牲，学会动脑子，保护自己。只有这样，孩子在长大以后，才能承担起见义勇为的社会责任，我们周围的环境才能友善、和睦。

培养孩子的谦虚品质

陈坤从5岁开始学街舞，他的舞技日益精进，得到的夸奖也越来越多。陈坤开始骄傲了，有一天，老师对他说："陈坤，你的滑步角度有点儿偏，你看看李宁，他就很标准。"陈坤听后很不服气，顶嘴说："我是按照要求来的啊，和李宁的一样。"

老师又给他示范了一遍，陈坤很不情愿地重做了一遍。晚上，妈妈来接他回家，老师反映了情况。妈妈看着儿子骄傲地抬着头，就没说话领他回家了。回到家，妈妈说："儿子，你的确很棒，你的这些奖杯也是妈妈的骄傲。"

妈妈上网查询了一下，找到了一场有街舞表演的晚会。妈妈买了两张票，周末带着陈坤一起去了。陈坤看完晚会后问："我能有这一天吗？"妈妈说："只要用心于每一个细节，就一定能有这一天，追求艺术的道路是无止境的，你可别因为小成绩而自满啊！"

陈坤的妈妈是非常聪明的，她发现孩子身上有骄傲自满的苗头后，没有马上批评教育，而是利用带孩子观看高水平表演的机会，帮孩子认识到自己的不足。

"谦虚使人进步，骄傲使人落后"，这句话父母要把它传给孩子，让孩子养成谦逊的品质，能够在成长中不自满、不骄傲，不断地追求进步。

父母要从小教育孩子做个谦虚的人。谦虚的人是有自知之明的人，不是一受夸奖就连自己都不认识的人；谦虚的人是能接受别人批评的人，不是自以为是、胡搅蛮缠的人；谦虚的人是能严于律己、宽以待人的人，不是抓小辫子的人；谦虚的人是能虚心向别人学习的人，不是因为自己有长处、优点而自傲的人。那么，父母如何培养孩子谦虚的品质呢？

1.教育孩子正确地面对表扬、夸奖

父母对孩子的表扬、夸奖是对他的鼓励，是希望他进步。孩子应当把父母的夸奖化作争取更好成绩的力量。为此，父母要让孩子在掌声中意识到自己的不足，意识到自己离父母的期望还有很大距离，启发孩子认清自己的位置，确立新的目标。如果得到了老师的表扬和周围人的夸奖，孩子就翘起尾巴，忘掉自己的不足，他就会吃苦头。父母要知道，夸奖对孩子的成长是必要的，但同时要让孩子努力、谨慎。

2.让孩子经得住批评，接受批评

有的孩子只希望得到赞扬，一听批评就不高兴，甚至骂人。比如，说他懒惰，指出他作业中的错误，他就翻脸不认人，这是不谦虚的表现。谦虚的人敢于承认错误，勇于接受批评。父母要教育孩子懂得谁都会有缺点，都可能犯错误，要引导孩子努力改正错误。

3. 教孩子不要抓别人的"小辫子"

抓别人的"小辫子"是为自己护短，是不虚心接受别人批评的表现。我们常见有些孩子受到别人的批评时，就反咬一口"你也怎样怎样"。父母要教育孩子宽容别人的小毛病，不要去挑别人的小毛病，更不要抓住别人的小毛病不放。一个人只有不计较别人的小毛病时才会改掉自己的缺点，才会乐意接受别人的批评。

4. 帮助孩子克服"居功自傲"的问题

孩子在学习上进步了，在书法、钢琴、舞蹈等方面有突出的表现，并不是他取得优越地位和享有特殊权利的条件。不管孩子取得了多大的成绩，父母都要把他放在普通人的位置上鼓励他、奖励他，让孩子懂得他永远是社会、家庭中与他人平等的成员。

在现实生活中，有些父母每逢孩子有一点点进步就大张旗鼓地为他买高档衣服、玩具，带孩子游玩，不让孩子干家务。这实际上是把孩子放在了特殊的位置上，只会助长孩子的虚荣心。父母对孩子的进步给予奖励的目的，应当是激发孩子作为普通家庭成员的责任心，让孩子意识到自己的努力应给家里带来幸福而不是负担。同时，要引导孩子认识到周围一切人都有值得学习的长处，如孔子所说："三人行，必有我师。"父母要让孩子明白每个人都有优点和长处，他应当虚心向别人学习。

十二月

December

健康饮食，积极锻炼：
有好的状态才有好的未来

擦亮孩子的"心灵之窗"

眼睛是心灵的窗户，当孩子患上近视眼时，他们的身心健康也受到了伤害，因此，父母应擦亮孩子的"心灵之窗"！

刚升入初中的张晓怡，发现班里90%的人都戴上了眼镜，而她是少数几个没有戴眼镜的幸运儿之一，这一点让她颇感自豪。当同学们问她是如何保护自己的眼睛时，张晓怡笑着回答："这多亏了妈妈的教导！"同学们一听这里面还有故事，便继续追问，张晓怡这才不急不忙地说出了前因后果。

原来，张晓怡成长于一个军人家庭，在她小的时候，当军人的妈妈就教育她"站要正，坐要直，走要稳"，时刻用军人的标准来要求她，让她形成端正的坐姿和站姿。妈妈经常说："一个女孩子，应比男孩子更注意仪态，给别人一个好印象，对自己的气质、形体都要严格要求。"平时，无论是站着还是坐着，只要发现张晓怡的姿势不正确，妈妈都会立刻提醒女儿。

尽管妈妈要求非常严格，但张晓怡还是有一个不好的习惯，那就是写作业时经常把头放得非常低，妈妈曾多次提醒她将头抬起来，可张晓怡就是不听，而且，为了反抗妈妈，她还故意把头放得更低，脸几乎都要贴到桌面了。因担心张晓怡的视力会变差，妈妈见"硬"的不行，就只好来"软"的了！这天，妈妈告诉张晓怡，如果近视了，她漂亮的眼睛就会暗淡无光了。从小就爱美的张晓怡一听这话，就想一定不能近视。

妈妈答应张晓怡可以在平时的生活中提醒她。从那天开始，张晓怡写作业时把头抬了起来，眼睛离书本一尺远，挺直腰背；看书时不再躺着，也不在刺眼的灯光下看；每次看书或者看电视、看电脑超过一小时，就把头抬起来向远处看一会儿，经常看绿色的植物，还经常按摩眼部，做眼保健操，让视力得到恢复和调整。只要她在写作业，妈妈就在边儿上看着，她一低头，妈妈就拍一下她的后脑勺，提醒一下她。

时间一长，被妈妈拍后脑勺的次数越来越少了，而张晓怡的坐姿也得到了纠正。

眼睛是人体的重要器官，人们对世界和自身的认识，在很大程度上依赖眼睛。正是因为有了眼睛，人类才能看到如此绚烂多彩的世界，所以，保护好眼睛也是每个人的愿望。可在现实生活中，近视眼的学生占了很大一部分，而他们的近视大多是由小时候不良的用眼习惯和不正确的坐姿造成的。每天长时间、近距离地看电视、手机或其他电子产品，是孩子近视的一个普遍原因。家长都希望孩子能多了解一些课本以外的知识，但也要让孩子注意用眼健康。

虽然现代科学技术发达，对于近视眼有很多治疗的方法，可是如果能保护好自己原本清澈明亮的眼睛，就可以免去很多近视带来的痛苦。倘若孩子从小就戴上了眼镜，生活中就会有许多的不便，而且，随着年龄的不断增长，孩子的近视度数也会逐渐增加，这对孩子的影响将会是一生的。

父母需要从小提醒和教育他们，并帮助他们养成良好的用眼习惯，让明亮健康的双眼伴随他们一生！

1. 告诉孩子不良用眼习惯的危害

不良的用眼习惯将导致视力下降，直至近视，而近视会给生活带来很多不便。如走到哪都必须戴着眼镜，影响人的容貌；冬天到室内，镜片模糊，看不清东西；不能参加一些较剧烈的运动，以防止眼镜跌落等。父母可以挑选一项孩子最关心的问题着重来讲，以加强他们保护眼睛的意识。

2. 提醒孩子保持正确的用眼姿势

很多孩子都知道用眼不当的害处，可是在实际生活当中，如看书和学习投入的时候，就会忘记保持正确的姿势，不知不觉地损害了眼睛的健康，所以，父母要通过语言或动作多提醒他们。目前，很多家长采用的是说教的方式，如看到孩子做作业时头太低，就会告诉他们抬起头来。其实，有时采用"动作"提醒，如拍一拍后脑勺，也不失为一个好的方法。

3. 对孩子的提醒一定要长期坚持

造成孩子近视的一个主要原因，就是用眼的姿势不当，如躺着看书，躺着看电视，或边走路边看书等，很多父母可能提醒一两次还可以，但大多数时间都忙自己的事去了，于是，孩子依然我行我素。所以，对孩子的用眼习惯，父母一定要坚持提醒和纠正，不要厌烦，更不要妥协，直到孩子养成正确的用眼习惯，不再需要提醒为止。

讲卫生的孩子才健康

卫生和健康息息相关，若想让孩子少生病，就必须让他们从小养成良好的卫生习惯。否则，致病的细菌会随时乘虚而入，击垮孩子的身体！

由于父母工作忙，朵朵跟着外婆长大，当朵朵到了入学的年龄，父母才将她接回身边，却发现朵朵养成了很多不讲卫生的习惯，进门后不洗手就去吃东西，甚至每天晚上都不刷牙、不洗脚，就直接上床睡觉。朵朵9岁时，她的坏习惯依然没有改，父母决心帮她改掉这些毛病。

这天，父母刚回到家里，便看到朵朵又没有洗手就拿着东西吃。此时，妈妈将早已准备好的动画片"邋遢大王奇遇记"放给她看，她一下子就被片中的情节逗乐了，并津津有味地看了起来。动画片讲的是一个不讲卫生的小男孩，因为粗心大意而误喝了被老鼠投了药片的汽水，变得和老鼠一样小，到老鼠王国游历了一番。

在故事的结尾，邋遢大王改掉了邋遢的习惯，变成了一个爱干净讲卫生的孩子。

动画片看完了，朵朵直说："好看！"妈妈笑着说："其实，我们家也有个'小邋遢'！"朵朵听妈妈这样说，不好意思地低下了头，她想起自己的确有很多坏习惯和邋遢大王有点像，如不爱洗手、不爱洗澡、不爱刷牙等。

妈妈见状接着说道："朵朵，养成好的卫生习惯，不仅是对自己的健康负责，更是对别人的一种尊重。一个不讲卫生的孩子就像'邋遢大王'一样，大家是不会喜欢的，只能和老鼠去做朋友了。"

朵朵回答道："我才不和老鼠做朋友！"这时，听到他们母女谈话的爸爸走了过来，亲切地对朵朵说："那么，从今天开始，我们来个'约法三章'，好不好？如果朵朵能坚持三个月，爸爸妈妈就不再叫你'小邋遢'。"朵朵点点头。

随后，妈妈说："那么，从今天开始，妈妈就把你每天每周要做的卫生内容写在一个表上，到哪个时间你就做哪些事，好不好？"接着，妈妈拿出为朵朵精心准备的"卫生习惯执行表"，上面标着每天早上起床后和晚上入睡前要刷牙、洗脸、晚上睡前要洗脚、洗袜子；每天吃过饭要漱口，饭前要洗手等。不仅如此，妈妈还规定朵朵每天必须写一篇和卫生有关的日记。

朵朵按照妈妈制订的计划开始执行，虽然刚开始有些难，但妈妈坚持和女儿一起做，使她逐步养成了良好的卫生习惯，成了一个干净漂亮的小姑娘！

孩子的卫生习惯，不仅关系着仪容整洁，更关系着孩子的身体健康以及身边人对他们的接纳程度。孩子只有养成良好的卫生习惯，才能够真正健康快乐地成长。而这些良好的卫生习惯却不能依靠别人的督促，应该是发自内心，自觉自发完成的。一旦形成了这种习惯，将会有益于孩子的一生。

卫生习惯对于孩子的重要性不言而喻，然而，孩子的不良习惯也不是一天形成的，一定是孩子从小时候就已经出现了，可当时却没有引起父母足够的重视，以至于不讲卫生成了孩子生活中的常态，长此以往，孩子的健康就会受到威胁。

还有一点值得家长深思，就是孩子不讲卫生的坏习惯，也有可能是从家长那里学来的。家长在日常生活中的表现，孩子是看在眼里的，即使孩子已经有了足够的分辨能力，但是在家庭生活的潜移默化中，孩子也会逐渐认同这样的行为。当这样的行为成为一种常态时，这种深入孩子内心的坏习惯，往往将伴随孩子很长时间而无法改掉，从而给孩子的健康带来不利影响。

因此，家长也要养成讲卫生的好习惯，让孩子去学习。具体而言，良好的卫生习惯，主要包括手部卫生、脸部卫生、口腔卫生和皮肤卫生，父母要对孩子不断强调这几点，让他们成为一个讲卫生的好孩子。并且，为了孩子的身体健康，家长还要在日常生活中做到让孩子以讲卫生为荣！

帮助孩子养成良好的卫生习惯，家长可以从以下几个方面做起。

1. 向孩子阐明讲卫生的重要性

很多孩子之所以不讲卫生，是因为不良的卫生习惯还没有影响到他们的健康状况。作为家长，在让孩子养成良好的卫生习惯之前，应该向他们阐述清楚讲卫生的意义，如不刷牙的话会长虫牙，牙齿会疼，不洗脸、洗澡的话皮肤会长疮等，更重要的是会影响形象，给别人留下不好的印象。

唯有如此，孩子才能重视这件事，并逐步养成讲卫生的习惯。

2. 帮助孩子制订一张卫生计划表

很多孩子在良好的卫生习惯还没有养成之前，常常会忘记，如睡前忘记刷牙、吃饭前忘记洗手等。为了能让孩子尽快养成良好的卫生习惯，父母可以帮他们制订一张计划表，让他们每天照着表去做，一段时间之后，他们自然就会养成良好的习惯。

3. 每一项良好的卫生习惯都可以逐步培养

习惯的养成不是一蹴而就的事，而且，良好的卫生习惯也包括很多内容，让孩子一步做到位可能会十分困难，父母不妨逐步去培养。如一段时间可以集中培养孩子早晚刷牙的习惯，等到这个习惯养成了，再逐步培养他下一个卫生习惯，这样孩子就不会感到很困难，做起来也比较得心应手。

更何况随着孩子年龄的不断增长，卫生习惯的内容也会有所变化，所以让孩子一步一步地去做，也更符合孩子成长的规律和特点。

变声期如何保护嗓子

丁丁最近处于变声期，声音像唐老鸭一样。在妈妈的叮嘱下，他一直好好保护自己的嗓子。

上个月，丁丁的表哥从广州回来了，他缠着表哥晚上一起出去与同学聚会，几个人一起去吃火锅。丁丁兴奋地选了麻辣锅，觉得辣得够劲，才叫爽。麻辣锅一会儿就上来了，看着满锅的辣椒和花椒，丁丁根本没有考虑自己的嗓子，一个劲儿地吃。吃饱喝足之后，又去唱歌，丁丁拿着麦克风扯开嗓子吼起来，大家唱唱跳跳，玩得非常尽兴。

第二天早上起来，丁丁发现嗓子又干又疼，还有点失语，他连忙喝了一大杯水，到厨房叫"妈妈"，只见他嘴巴张得挺大，可是几乎发不出声音。

变声期是青少年由童声变为成人声音的一个阶段，一般持续 3～6 个月，男孩多出现在 12～14 岁。青春期的变声期，是一个关键的时期，它关系着孩子的嗓音发展，这一时期直接决定了孩子一生的嗓音质量，所以要注意保护好嗓子。另外，因为孩子在变声期，声带的生长速度远远超过了喉结的生长速度，因此声带将长期处于一种充血状态，稍有不慎，孩子就会因为长时间读书、剧烈的体育运动、大声地唱歌以及饮食不当等而损伤声带，破坏嗓音。所以，处于变声期的男孩子，更要学会保护自己的嗓子。

那么，如何保护处于变声期的嗓子呢？

1. 声带的保养

青春期的男孩子喜欢大声说话、唱歌，总想表现自己的大嗓门。殊不知，这样长时间大声说话，一不小心就会损伤正在生长的声带。这一时期的声带异常娇嫩，稍有不慎就会出现充血、水肿，或者发生声带小结或声带息肉，轻者导致发音疲倦无力，音调改变，严重的会出现声音嘶哑甚至呼吸困难，不能说话。所以，家长要告诉孩子不要过度使用嗓子，比如大声说话或肆意喧哗，特别注意不要长时间唱歌，青春期用嗓过度可能导致终身声音嘶哑。

此外，在冬天要注意保暖，尤其注意脖子的保暖，尽量不穿低领子的衣服，避免口腔、喉部受冷，从而保护好嗓子。还要注意身体的保暖，不要感冒，否则会加重声带的肿胀和充血。随着天气的变化，要适时增减衣服和被褥。在学习之余，要让孩子多参加一些体育活动，每天进行体育锻炼能增强体质，这对声带的生长发育也大有好处。

另外，要让孩子注意劳逸结合，生活有规律，保证睡眠充足，不要熬夜，每天保证 7 个小时以上的睡眠时间。

2. 健康饮食

保护嗓子，还需要健康的饮食，像丁丁就是因为吃了刺激性的火锅，再加上过度使用嗓子而损伤了声带。所以，在日常的生活中，要让孩子尽可能不吃或少吃一些刺激性的食物，比如大蒜、辣椒、生姜、韭菜等，这些刺激性食物会刺激气管、喉头与声带；冬天不要喝太烫的开水，夏天不要吃太凉的冷饮，进行剧烈运动之后不可以马上喝冷水，这会造成嗓子的损伤；更不要吸烟喝酒，因为烟酒中的有害物质对声带的生长发育是非常有害的。

青春期的变声期，是一个关键的时期，它关系着孩子的嗓音发展。这一时期直接决定了孩子一生的嗓音质量，所以要注意保护好嗓子。

帮助孩子建立合理的生活节奏

生活有规律，有益于儿童的身体健康和智力发展。充足的睡眠、合理的进餐、有序的学习与游戏玩耍，能保证孩子有充沛的精力和体力进行活动，满足孩子的成长需求。家长要帮助孩子建立合理的生活节奏，让孩子知道什么时间该做什么事情。

有一个探险家，到南美洲的丛林中找寻古文明的遗迹。他雇用了当地的土著人作为向导兼挑夫。那群土著人尽管背负行李，仍行走得非常迅速。每次都是探险家先喊着需要休息，让所有土著人停下来等他。

到了第四天，土著人却拒绝再往前走，因为他们自古以来便流传着一项神秘的习俗，在赶路时拼尽全力向前冲，但每走上三天，便需要休息一天。探险家对于这项习俗十分好奇。向导很严肃地告诉探险家："那是为了让我们的灵魂，能够追得上我们疲惫的身体。"

探险家听了向导的解释，沉思了许久，露出微笑，他认为这是他这次探险中最大的收获。

掌握工作与休息之间的节奏，"让灵魂永远追得上身体"，可以让我们持续拥有无穷的动力。

人的生活作息需要有一定的规律，科学家研究发现，每种生物，包括人类在内，其行为和生理功能都具有一定的节律性，即时间性或时间属性。由于其类似"钟"的特点，因此称之为"生物钟"。不同阶层、不同年龄的人，会有不同的生活学习规律和需要的合理作息时间。有的父母在孩子深夜伏案用功的时候，常常感到十分欣慰，却忽视了长期晚睡，会使孩子学习效率下降的问题。大脑生理学研究证实，高效的学习时间，小学生大约持续 40 分钟，初中生为 45 分钟，高中生为 50 分钟，长期"疲劳战"必然事倍功半，甚至损害大脑。合理作息习惯的养成对孩子的学习和生长发育来说，是非常重要的，这种习惯在孩子入学阶段就应做好。

作息时间不合理直接影响身体健康。医学研究表明，正常人体疲劳是由体力、脑力过度付出引起的。当全身肌肉处于高度紧张状态，身体就会产生大量代谢物，如乳酸、疲劳毒素等，这些废物随着血液循环到达全身甚至大脑，就会侵袭正常器官。如不及时消除，长此以往，容易引起病变，受损器官出现诸如胃溃疡、心力衰竭、循环功能不全等病况，此时再进行治疗就很麻烦。

而睡眠不足、疲倦已经普遍影响到中小学生的健康成长。按我国现行的卫生标准规定，学生睡眠时间，中学生不宜少于 8 小时，小学生应睡足 10 小时。帮助孩子确立合理的作息习惯，家长的作用非常大，家长应当注意以下几个方面的问题：

1. 保证足够的睡眠和休息

小学生每天的睡眠时间应为 8 ～ 10 小时。睡眠不足将严重影响儿童的生长发育。睡眠能使大脑得到充分的休息，同时孩子体内的生长激素大量分泌，以保证身体正常生长发育。家长不能以学习等任何借口，减少孩子的睡眠时间。要让孩子养成早睡早起的好习惯，不要纵容孩子因贪玩而晚睡。

除了充足的睡眠，休息还包括"眼睛休息""大脑休息""身体休息"。要科学用眼，不能让眼睛过度疲劳；外出活动要适度。做寒暑假作业要控制好时间，不要搞集中突击，而要细水长流。休息的方式是多种多样的，如睡眠、闲谈、散步、娱乐等。

2. 学习应力求高效有序、张弛结合

合理安排孩子的学习时间，是小学时期帮助孩子形成良好生活习惯的核心。制订严格的学习计划，帮助孩子建立时间概念，养成守时有序的好习惯。及时发现和改正孩子学习中的拖拉、走神、马虎等不良习惯。玩耍与学习并不是完全对立的，孩子的智力、社会能力和体力等都能在游戏活动中得到发展，应合理分配孩子学习与游戏的时间，保证小学生每天至少有一个小时的自由时间。学习与游戏之余，还应保证孩子有足够的体育锻炼时间，从小养成积极参加体育锻炼的好习惯，这不但有益于孩子的身体健康，而且还有益于孩子意志品质的培养。

3. 假期要防止作息时间混乱

假期往往是合理作息习惯受到挑战的时候。不少孩子从早到晚守着电视看不够，而做作业、做家务却拖拖拉拉，晚上看电视、玩电脑，睡觉太迟，早晨又睡到接近中午时分，吃饭节奏也被打乱。加之父母白天上班，家中无人督促，孩子作息时间更容易紊乱，极不利于孩子的健康和良好生活习惯的养成。

父母首先应当限定孩子晚上睡觉的时间，孩子假期中空余时间多，可适当晚睡会，但晚上最晚睡觉时间要有规定。此外，家长要督促孩子早起，参加体育锻炼。有的孩子假期作业一直拖着，到快开学时才着急，开夜车，因此家长还应当帮助孩子合理安排好假期学习任务，按进度完成作业。还有些孩子有典型的节后综合征，开学好几天都无精打采，甚至生病，因此家长应当注意孩子的作息时间，特别是快开学时，应当引导孩子逐渐适应上学时的节奏。

体育锻炼贵在坚持

生命在于运动，让孩子从小养成进行体育锻炼的习惯，可以增强孩子的体魄，增强孩子抵抗疾病的能力，使孩子拥有一个健康的身体，投身于学习当中。

如今有许多孩子就像温室里的花朵，经不起风吹雨打，稍不注意就会生病，而且没有坚强的意志力，再加上学习压力日趋加重，他们常常感到身心疲惫。如果父母从小让孩子坚持体育锻炼，在提高孩子身体素质的同时，也可以缓解孩子在学习方面的心理压力，使孩子的智力水平得到充分的发挥。

一个人如果在童年时期不爱运动，长大了很难养成爱运动的习惯，这对生命的质量显然有不利的影响。有人说体育是"四肢发达，头脑简单"的人才做的事，其实绝对不是这样，对孩子来说，体育是强心强志之育。

小瑶今年 11 岁，从小体弱多病，用妈妈的话说就是"吃药长大的"。每当冬天来临，小瑶就经常感冒，于是在请假休息中把功课耽误了。

后来，小瑶的妈妈从一位健身教练那里得知，健美操是一种有氧运动，能提高身体的抵抗力，锻炼人的心肺功能，就给小瑶办了一张健身卡，每星期都带她去练健美操一到两次。

刚开始练习时，由于长时间没有运动，小瑶浑身上下觉得疼痛。她有点儿想放弃，但是在妈妈的鼓励下，还是坚持下来了。一个月的时间过去了，小瑶再也不会因为练健美操而感到身体不适。相反，她渐渐感觉练完健美操身心舒畅，学习时也更有精神。让妈妈感到欣慰的是，小瑶的体质增强了许多，不再像以前那样经常感冒，也变得更坚强了。

无论孩子体质强，还是体质弱，坚持体育锻炼都不可缺少。持续的、科学的体育锻炼对孩子的发育、成长起着至关重要的作用。它不仅能强身健体，更能培养孩子坚忍的意志，让孩子获益匪浅。

在孩子成长的过程中，家长有必要把体育放在教育的重要位置。即使孩子已经开始坚持体育锻炼了，但由于孩子做事往往缺乏自觉性和毅力，对事情的兴趣也较容易转移，如果父母放松督促，孩子在体育锻炼上也可能出现"三天打鱼，两天晒网"的现象，这样自然会降低体育锻炼的效果。那父母到底该如何让孩子坚持体育锻炼呢？

1.告诉孩子，健康的体魄是做好任何事情的前提

身体是革命的本钱。孩子很可能早就听说了这句话，或者还不止听说过一次，然而，父母还是有必要郑重其事地把这句话的含义告诉孩子，让这句话的含义根植在孩子的内心深处。

对孩子来说，学习无疑是主要任务，然而体育锻炼同样不可忽视。因为要想学得好，必须有一个健康的身体。要想在学习中取得好成绩，足够的精力和体力是必要的保证，而这必须通过体育锻炼得来。如果忽视体育，即使孩子学习再勤奋，学习成绩再好，他也会成为"跛子"。

在老师和家长以及其他同学的眼中，露露是一个学习勤奋、刻苦的好学生，成绩相当不错，尤其是她对学习的钻研精神让老师感到佩服。每天放学后，露露就匆匆回家，然后学习到深夜。她每天的生活都在模式化中进行，基本上是两点一线：教室—家。

可是，露露也有一个缺陷——体质太弱，感冒是家常便饭，而且时常头晕耳鸣。班主任找露露谈话，劝她加强体育锻炼，起码应该跑跑步，可是露露对老师的建议置之不理。露露的父母也不赞成露露参加体育活动，他们认为目前学习是最重要的事，其他方面都是次要的。结果，在五年级下学期的期中考试中，露露因为精神压力过大，超过了身体负荷，

晕倒在教室里。露露的家长非常后悔。

体质差，会直接影响孩子的学业。家长要协助孩子处理好学习和体育的关系，让孩子明白"健康的体魄是做好任何事的前提"。孩子在勤奋学习的同时，再坚持体育运动，就能成为一个拥有健康体魄和优异成绩的复合型人才。

2. 和孩子一起做运动

孩子往往怕吃苦，又缺乏毅力，对于体育运动能躲则躲，能逃则逃。让孩子动起来，强身健体，离不开父母的督促和提醒，而更有效的办法就是抽出时间和孩子一起做运动。这样不仅保证了孩子的体育锻炼时间，我们自己的体育课也补上了。

颢颢12岁了，个子不矮，但身体较弱，不喜欢运动，显得弱不禁风，学习也没有足够的精力。眼看孩子要上中学了，这样的身体根本无法应对紧张的中学学习生活。于是在暑假里，妈妈每天早晨和傍晚都陪着颢颢一起做运动。起初颢颢有点不愿意，聪明的妈妈便用游戏吸引他：用球拍端乒乓球快速走，左右手拍球，单腿跳……渐渐地，颢颢爱上了运动。每天到了锻炼的时间，颢颢便会积极主动地和妈妈一起去运动。经过一个假期的锻炼，颢颢的体质改善了很多，而且在那个假期颢颢没有生过一次病，原来吃饭挑食、做事马虎、注意力不集中等毛病也在不知不觉中改变了很多。

英国的教育家洛克说："健康的身体方有健全的精神。"

拥有健康的身体，才能拥有健康的思想，有健康的思想，孩子才能更优秀、更茁壮地成长。所以让我们和孩子一起动起来，陪孩子跑起来，这样才能培养孩子对体育锻炼的兴趣。

在孩子成长的过程中，体育占有极为重要的地位。孩子在学习之余，坚持适当的体育锻炼，可以感受快乐，调节情绪，消除大脑的疲劳，进一步促进学习；同时体育运动还可以锻炼孩子的意志力，塑造孩子坚忍不拔的品格。